用系统科学思维助推
人类命运共同体进程

USING THE ESSENCE OF SYSTEMS
SCIENCE TO PROMOTE "A COMMUNITY
OF SHARED FUTURE FOR MANKIND"

第二届
阿尔山论坛
共识与探索

内蒙古草原文化保护发展基金会 编著

经济日报 出版社

目录

横跨大兴安岭西南山麓的阿尔山，处于大兴安岭林区腹地，具有优越的生态环境。这里一年四季风景各异，每一个季节都有其独具特色的美。

阿尔山属于森林和草原过渡地带，呼伦贝尔、科尔沁、锡林郭勒和
蒙古四大草原在这里交汇，让阿尔山集万千宠爱于一身。

金黄的秋色把阿尔山涂抹得像一幅油画。阿尔山属寒温带针阔混交林带，最具代表性的植被类型是以兴安落叶松为主组成的针叶林。

阿尔山冬季漫长，每年 10 月初形成有效降雪直至来年 4 月。在长达近七个月的冰雪期内，这里始终银装素裹、冰清玉洁，为冰雪运动和冰雪旅游提供了优良资源。

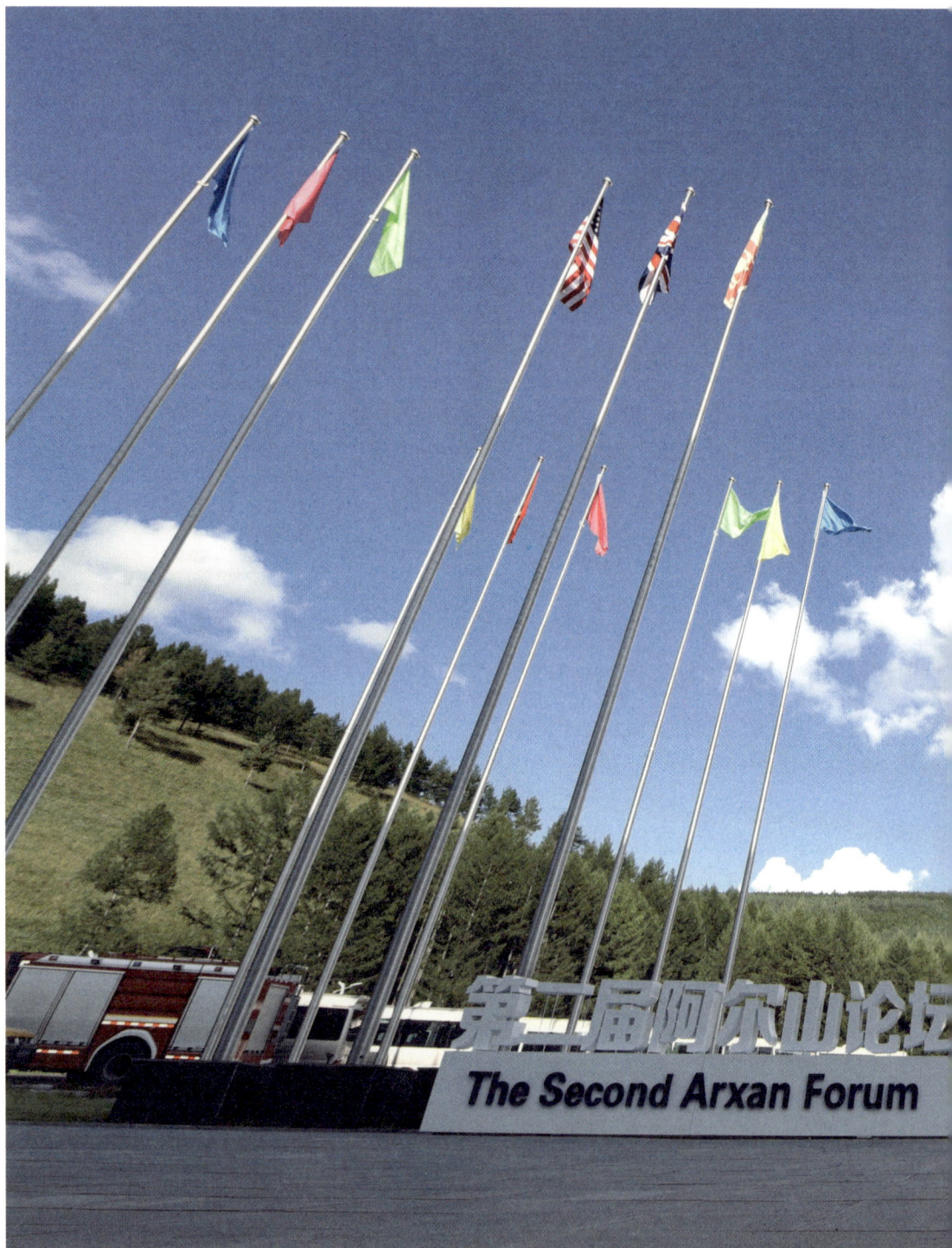

2019 年 8 月 30 日，以"全球文明对话与人类命运共同体"为主题的第二届阿尔山论坛在阿尔山国际文化交流中心开幕。此次论坛由内蒙古草原文化保护发展基金会主办，由内蒙古兴安盟阿尔山市人民政府承办。

序一

尊重多样文明，激发创新活力

陈元

　　习近平总书记在 2018 年亚洲文明大会上强调，加强世界上不同国家、不同民族、不同文化的交流互鉴，夯实共建亚洲命运共同体、人类命运共同体的人文基础。内蒙古自治区作为中国与东北亚地区交流合作的窗口，亟需采取一系列有效措施，发挥地理区位的优势。这即是举办阿尔山论坛的初心所在。

　　当今中国日新月异，新一轮科技革命和产业变革不断深入，距离"两个百年"目标的实现也越来越近，中国已经开启了崭新的时代。当前，我国的主要矛盾已经是人民日益增长的美好生活需要同不平衡不充分的发展之间的矛盾，经济发展、社会治理、教育发展等各个方面的不平衡问题凸显，已在一定程度上制约了全社会的创新创造活力。

　　当下的社会治理体系不够完善，市场机制仍有很大发展潜力，政府职能效用还没有得到完全释放，市场与政府需要更好的配合。

　　近些年，中国人民走得很快，掌握技能的速度惊人，在技术、科学、建筑、艺术等方面取得了一系列杰出的成就。但是，当代的部分年轻人，在一些需要内化于心的德治、法

第二届阿尔山论坛会议间隙，第十二届全国政协副主席陈元先生饶
有兴致地参观了主会场一楼的内蒙古特色产品展示。

治观念的掌握上，尚显不足。时代在变，教育的发展亦应顺
势而为。经济快速发展，社会结构深入调整，教育的发展已
经稍显落伍，德治、法治教育尤其被弱化。中国古典文学集
大成者《论语》《道德经》等，皆注重道德法制的作用，优
秀的传统文化必须传承，这是一个民族发展至今的命脉，必
须在教育中加以重视。

　　第二届阿尔山论坛以"全球文明对话与构建人类命运共
同体"为主题，秉持和平、发展、共享、共赢的理念，倡导
文明交流互鉴，推动构建人类命运共同体。文明交流互鉴是
社会进步的动力，尊重多样文明，从不同文明中汲取营养，
能够激发创造创新活力。人类只有一个地球，树立命运共同
体意识是人类发展的历史定势，共商共建共享，共同治理，
共同维护，创造一个持久和平、普遍安全、共同繁荣、开放
包容、清洁美丽的世界，是题中之义。

阿尔山论坛会场——阿尔山国际文化交流中心

第二届阿尔山论坛开幕式。摄影／郑向阳

序二

充分发挥内蒙古自治区区位优势和文化优势，为构建人类命运共同体做出更大贡献

布小林

2018 年 9 月我们召开了首届阿尔山论坛，确立"全球文明对话与人类命运共同体"为永久主题并就"全球文明对话与时政、经济、社会发展""游牧文明与牧区现代化"及"'内蒙古'品牌建设新路径"等议题进行了充分的思想碰撞与热烈探讨；时隔一年，我们再次相聚在金秋美丽的阿尔山，激荡智慧、百家争鸣，以期共同谱写"构建人类命运共同体"的新篇章。

面对经济全球化、政治多极化、文化多样化和社会信息化，我们时常反思：要推动这个全球价值观不断向前发展，一个地区需要做什么？长期工作和生活这个地区的人们又能进行哪些努力？今天我将做出的建议是：充分发挥好内蒙古自治区的区位优势和文化优势，为构建人类命运共同体做出更大贡献。

首先，从区位优势着眼，内蒙古位于祖国华北地区，全区总面积 118.3 万平方公里，占全国国土面积的 12.3%。北部与俄罗斯、蒙古接壤。全区草原面积为 8666.7 万公顷，其中有效天然牧场 6800 万公顷，占全国草场面积的 27%，而森林面积更是位居全国首位。动植物资源丰富，从空间区

位和生态资源上易于构筑中国北方的绿色屏障。今年 3 月，习总书记也向我们重点提出："内蒙古生态状况如何，不仅关系全区各族群众生存和发展，而且关系华北、东北、西北乃至全国生态安全。把内蒙古建成我国北方重要生态安全屏障，是立足全国发展大局确立的战略定位，也是内蒙古必须自觉担负起的重大责任。"5 天前，我们刚刚在呼伦贝尔国际绿色发展大会上就"生态优先，绿色发展"议题进行了充分的交流与总结，今天我们又将此议题提升到构建人类命运共同体的视角来深入研究，以期在共同利益观和全球治理观上形成更多的智慧观察和解决方案。

另外，20 天前在召开第二届内蒙古国际能源大会时我也曾指出，我区是祖国重要的能源和战略资源基地，也是中国发现新矿物资源最多的省区。基于如此重要的区位，加强制度建设和管理尤其是加强生态行政制度建设，让能源管理者们有章可依，做好现代能源经济转型和高质量发展这篇文章，也是构建人类命运共同体的关键内容。因为能源是中国的，更是为全人类所共有；既与国际权力观密不可分，又与可持续发展息息相关。

内蒙古自治区第三个需要继续充分发挥区位优势的点，在于我们辽阔广袤的土地上，孕育了北方众多少数民族。我区生活着蒙古族、汉族、满族、回族、达斡尔族、鄂温克族、鄂伦春族、朝鲜族等 50 多个民族，其中蒙古族人口 421.6 万，占人口总数的 17.65%。1947 年 4 月，为响应中央人民政府民族区域自治制度，各族代表齐聚兴安盟乌兰浩特举行内蒙古人民代表大会，成立了我国第一个省级自治区——内蒙古自治区，为以后在其他民族地区实行民族区域自治指明了方向，积累了宝贵经验。实践证明，民族区域自治制度符合当今时代发展，而放眼国际，一些地区和国家仍为民族问题焦头烂额,所以我们要充分发扬我区团结稳定、和谐发展的示范效应,以内蒙古为样板,为构筑人类命运共同体提供中国智慧、中国方案和中国力量。

再次,从文化角度入手,我区也能够充分发挥草原文化的巨大作用和优势,为构建人类命运共同体做出更大贡献。2013年,习总书记提出建设"丝绸之路经济带"和"21世纪海上丝绸之路"的构想,这是构建人类命运共同体的重要实践平台。随着"一带一路"倡议的逐渐实施,草原文化因其在地缘上与部分沿线国家所具备的文化同一性,更加方便的文化交流与文化合作为彼此提供了凝聚价值共识的契机。草原文化天然的自由开放、开拓进取、崇信重义和天人合一的生态伦理精神也与"一带一路"倡议相得益彰。在有效地促进了文化对外交流的同时,草原文化还反作用于草原相关产业的发展,给沿线国家的经济发展增添了新的动力。

同样,草原民族自古以来就秉承以人为本的生存和发展理念,这种文明理念作为一种文化优势,符合以人民为中心的发展观,也符合构筑人类命运共同体的要求。人类社会是一个相互依存的共同体,目前正在努力建设和发展生态文明社会,即以环境资源承载力为基础、以自然规律为准则、以可持续社会经济文化政策为手段的环境友好型社会。这其中人与自然、人与人、人与社会和谐共生、良性循环,既是我们从祖辈传承的思想文化,也是我们需要继续不断努力前进的目标。

总之,构筑人类命运共同体是一项伟大而艰巨的任务,而"善学者尽其理,善行者究其难",内蒙古自治区要持续为世界发展贡献有力的正能量,需要我们充分思考、发挥优势、解放思想、互通有无,需要我们每个人亮出肩膀承担责任,共同行动起来、革故鼎新、自强不息。

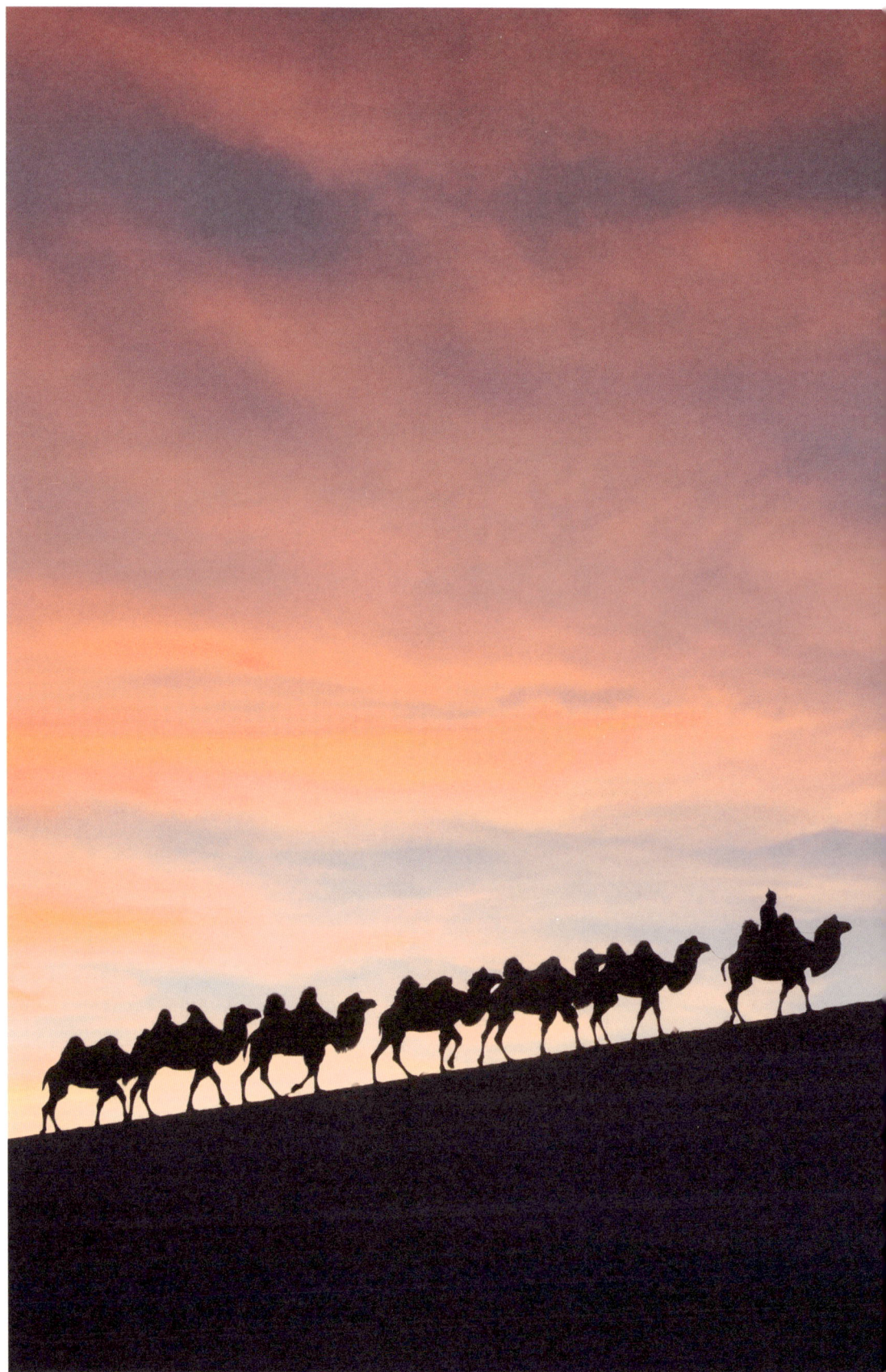

第一章
人类命运共同体与系统科学思维

"人类命运共同体"是和平发展、合作共赢、互利互惠、平等相待等价值观念有机统一的系统，是一个整体的、开放的、动态的统一体。

第一节　人类命运共同体是新全球化时代的发展方向

　　风光旖旎的阿尔山，在秋季像一幅色彩绚烂的油画，令人印象深刻。这座位于大兴安岭林区腹地的小城，属于内蒙古自治区兴安盟，像一个充满异域风情的世外桃源。2019 年 8 月 30 日，来自国内外的专家学者、商界精英、政府官员与媒体人聚集于阿尔山，共同参与以"全球文明对话与人类命运共同体"为永恒主题的第二届阿尔山论坛。

　　阿尔山市原本是内蒙古的一个小镇，完整名字为"哈伦阿尔山"，这个名字来自于蒙古语，意思是"温暖而圣洁的泉水"。它处在森林草原交汇带，因为拥有集中、多样的火山地貌，在 2017 年被联合国教科文组织评为世界地质公园。从经济地理的角度来看，阿尔山市处于东北亚经济圈腹地和中国东北经济区西出口，蒙古、锡林郭勒、科尔沁、呼伦贝尔四大草原交汇处，是联合国开发计划署规划的第四条欧亚大路桥的连接点。

　　2013 年习近平主席提出共建"一带一路"倡议，赋予了古丝绸之路全新的时代内涵，成为构建人类命运共同体的重要路径和宏伟实践。内蒙古是草原文化的主要发祥地，与许多国家有着深厚的历史渊源，有着共同的游牧文明，有相似的资源禀赋。历史上的草原丝绸之路一直是东西方文明交流的重要通道，连接中蒙俄的万里茶道，被习近平主席誉为"世纪动脉"。阿尔山论坛以"全球文明对话与人类命运共同体"为主题，秉持和平、发展、共享、共赢的理念，倡导文明交流互鉴，推动构建人类命运共同体。文明交流互鉴是社会进步的动力，尊重多样文明，从不同文明中汲取营养，能够激发创造创新活力。树立命运共同体意识是人类发展的历史定势，共同治理，共同维护，创造一个持久和平、普遍安全、共同繁荣、开放包容、

阿尔山论坛开幕式上，具有草原风情的演出受到与会嘉宾的热烈欢迎，令人想起那句著名的话："越是民族的，就越是世界的。"

清洁美丽的世界，是题中之义。在 2018 年首届阿尔山论坛上，参会的专家学者以及相关行业代表围绕"全球文明对话与人类命运共同体"这一主题，发表见解、展开讨论，分享了他们对人类命运共同体的思考。如今，第二届阿尔山论坛，再一次在不同层面梳理与总结大家对于这个话题的深刻思考。

2019 年 8 月 30 日一早，充满蒙古族风情的阿尔山国际文化交流中心嘉宾云集，论坛开幕式的灯光暗下来，会场一片静谧，如暗夜星空。音乐停止时，灯光聚集在一位歌者身上，他用纯粹的歌声将大家带入草原辽阔的意境之中，紧接着，一位又一位歌者用声音加入进来，各自以不同的声部合为一曲，用和谐的歌声演绎了"草原印象"。他们是来自内蒙古民族艺术剧院

的蒙古族青年合唱团，曾因其民族特色浓郁，相继在悉尼歌剧院、维也纳音乐厅、肯尼迪艺术中心、国家大剧院、台北音乐厅等地留下过歌声。无伴奏合唱是仅用人声演唱而不用乐器伴奏的多声部音乐表演方式，在这里，恰恰与这次论坛的主题相合：不同的民族、国家以自己的声音，在共同面对世界全球化浪潮的时刻，谱写出的以"人类命运共同体"为主题的同一首歌。

回顾历史，在不少史学家的眼中，第一次全球化的浪潮，就是从成吉思汗西征开始的，元代大帝国建立的驿站及与之匹配的制度，保证了商路的畅通与商人的安全，也成为科学技术、文化艺术交流的大道；欧洲的矿工来到了中国，中国的印刷术也传入了欧洲；元朝的医生可以到伊利汗国行医，

成吉思汗的西征，客观上开启了一次全球化的浪潮，伴随着征伐，商品、科技、文化完成了东西方之间的交流，其广度和深度都超越了唐代。

波斯的宰相也可以请教中国人、印度人、蒙古人来完成史学巨著。而最让人震撼的，是基督教、伊斯兰教、佛教等不同宗教，乃至于不同教派的代表人物，汇集在蒙古大汗的朝廷里，在大汗面前，开诚布公地自由辩论。蒙古人前期通过军事征伐，使亚欧大陆连为一体；后期通过政治、商业、文化手段，使亚欧大陆融为一体。蒙古人不仅把世界拼在了一起，更试图融铸出一个统一的世界。

　　如今，世界正处于"百年未有之大变局"，这是习近平总书记近年来在多个场合特别是涉外场合多次提及的崭新命题，引起社会和学界的高度关注和思考。世界正处于"百年未有之大变局"这一命题，源于对历史和现实的准确把握。

是习近平总书记站在人类历史进程的高度，以大国领袖的担当，对世界发展大势作出的重大战略判断，在当前复杂变化的时代具有举旗定向的重要意义。作为大战略判断，这里的"百年"在本质上是一个大历史概念，是指一个相对较长且正在发生巨大变化的历史时期。这里的"世界"，不只是传统意义的国际关系，而是指视野更为宏大、内涵更为丰富的人类社会。所谓世界百年未有之大变局，是指在一个相对较长的历史时期深刻影响人类历史发展方向和进程的世界大发展、大变化、大调整、大转折、大进步。

这一场大变局，体现在很多方面。

首先，世界经济重心正在从北大西洋转向太平洋地区。上溯百年历史，世界经济的重心很长一段时间在北大西洋两岸，西欧诸国和北美成为全球经济的重要支柱。21 世纪以来，随着中国、俄罗斯、印度、巴西、南非等不同地区发展中大国的

金砖十年：五国对世界经济增长的贡献率达 50%

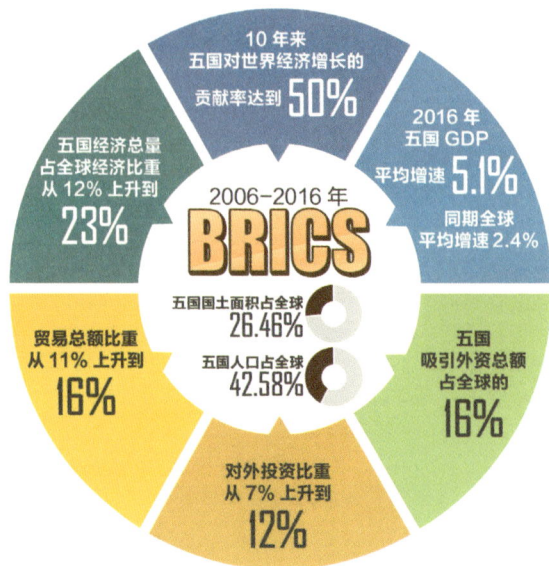

10 年来五国对世界经济增长的贡献率达到 50%

2016 年五国 GDP 平均增速 5.1%
同期全球平均增速 2.4%

2006—2016 年 BRICS

五国经济总量占全球经济比重从 12% 上升到 23%

五国国土面积占全球 26.46%

五国人口占全球 42.58%

五国吸引外资总额占全球的 16%

贸易总额比重从 11% 上升到 16%

对外投资比重从 7% 上升到 12%

信息来源：金砖官网、新华社　　　　　中新社 2017 年 8 月 22 日张寒制图

整体性崛起，加上 2008 年国际金融危机对欧美的重创，世界经济重心开始由西向东、由北向南转移。根据 2017 年厦门金砖国家领导人会晤上发布的数据，2017 年金砖国家经济总量已占全球的 23%，与 10 年前占比 12% 相比，几乎翻了一番，对世界经济增长的贡献率也已超过 50%。

国务院发展研究中心 2018 年 12 月发表的《未来国际经济格局变化和中国战略选择》课题报告预测，到 2035 年，发展中国家的 GDP 将超过发达经济体，在全球经济和投资中的比重接近 60%，全球经济增长的重心将从欧美转移到亚洲，并外溢到其他发展中国家和地区。

这一世界经济重心之变可谓百年未有。如果说"一战"后因美国一跃而成为全球最大债权国和资本输出国，世界经济重心从大西洋东岸（西欧）向大西洋西岸（美国）的那次迁移是一次经济地理大变局的话，当前正在发生的这次从大西洋向太平洋的迁移，其覆盖范围之广、涉及人口之多，已远超上次。

世界政治格局在变，非西方化与多极化并行。世界政治格局正在两个层面演进并相互作用：一是发展中国家群体性崛起。"一战"后，随着殖民体系瓦解，广大亚非拉国家摆脱了殖民地和半殖民地的状态，实现了政治、经济独立和国家自主发展。但经济弱势的地位没有根本改变。西方国家依托其先进的经济、科技和军事实力，在全球政治治理中占据优势，拥有更多话语权。

进入 21 世纪后，中国、俄罗斯、印度、巴西、南非等发展中大国，以可观的经济成就和未来可期的发展前景，备受瞩目。伴随新兴经济体和发展中大国地位上升，涵盖发展中国家在内的 G20（二十国集团）在 2008 年国际金融危机后作用日益突出，而"发达国家俱乐部"G7（七国集团）因无法覆盖更广泛国家，在全球经济治理中的作用日渐式微，全球治理开始从西方主导向全球共同治理转变。

第二届阿尔山论坛开幕式上，与会嘉宾合影留念。随着阿尔山论坛的影响力越来越大，参会嘉宾越来越多，论坛所涉及的专业领域也日益拓宽。

二是多极化呈新态势。1991年冷战结束后，两极格局解体，世界形成"一超多强"格局，"一超"与"多强"进行着激烈的博弈。近30年过去了，多极化不断推进，单极"梦想"日渐遥远，中国、俄罗斯、欧盟、印度等已成为重要的多极力量。

中国自2010年跃升为全球第二大经济体，经济总量已从40年前占全球经济总量的1.8%上升到2017年的15%，对世界经济增长的贡献率更达到30%。日益走近世界舞台中央的中国，已成为推动多极化趋势的中坚。

经济格局的变化推动世界政治格局演化，大国间博弈和战略竞争有所加剧，原有以大国协调为重要支撑的国际政治秩序面临挑战。一方面，美国把中国和俄罗斯明确为战略竞争对手；另一方面，美国与盟友的关系裂隙加深，大西洋同盟关系几近历史低点。

全球化进程之变，表现在主要推动力量面临重组。在 20 世纪八九十年代美欧企业占据科技经济绝对强势的发展时期，西方是全球化的主要倡导者和推动力量。全球化初期，以西方企业为主的跨国公司通过全球配置资源，以较低的成本获得发展中国家的资源、人力和市场，同时也将资金、技术部分扩散到这些国家。后发国家基于经济弱势，希望给民族品牌留有发展空间及保护市场的努力，在当时美欧力推全球化的强势话语和规则体系下微弱而边缘，只能靠自己的努力消化问题，刀刃向内。所以在迄今 30 多年的经济全球化进程中，欧美为主力推的前 20 年可谓"顺风顺水"。

待发展中国家通过"克服全球化之弊、放大全球化之利"获得经济起飞，甚至企业竞争力强大到已危及曾经强势的竞争对手时，曾是全球化主要推手的一些国家打"逆全球化"牌，以"本国优先"为名的贸易保护和单边主义甚嚣尘上。

一些大国丧失推动全球化的动力，并不意味着全球化就会逆转。从目前情况看，新兴经济体已成长为推动全球化的新生力量，日、德、法等老牌发达国家也从长远利益出发，支持多边主义和全球化。

科技与产业之变，表现为机遇与挑战并存。本世纪以来，以信息技术、生物科技为主导的新一轮科技革命和产业变革，成为产业推陈出新和生产力跃进的不竭动力，深刻地影响着世界格局演变。

以往的几次科技革命和产业变革，均由大西洋两岸国家唱主角，比如英国、美国。本世纪已现端倪的新一轮科技革命和产业变革，虽然创新力强大的美国仍担纲主角，但中国、印度等新兴国家亦表现抢眼，正努力向科技产业变革的第一方阵进发。正在形成的新一轮科技革命与产业变革，将对世界政经格局产生深刻影响。新兴国家跻身科技革命和产业变革引领之列，将有助于提升其综合实力，助推其发展进程；这些国家在发展科技方面的经验，也会对广大发展中国家产生示范效应；发展中国家丰富的人力资源一旦插上科技翅膀，将会释放出巨大能量。在新一轮科技革命中，谁能抢占科技高地，谁就有可能站在产业变革的前沿、占领全球价值链的高地，从而在未来的竞争中赢得先机。国家间科技竞争之外，飞速发展的科技也对人类生存提出了挑战。人工智能、生物基因工程等成果在造福人类的同时，也可能威胁人类伦理和长远的生存发展。同核武器相比，人工智能和基因技术研发更难被管控，国际社会建构有效监管体系困难重重。从这一角度而言，科技对人类的挑战也属百年未有之变。

全球治理之变，表现为新兴国家或成治理重要角色。从"一战"后诞生的国际联盟，到"二战"后的联合国，一百多年来承担着全球治理之责的国际组织尽管在协调国际事务中发挥了一定的作用，但毋庸讳言，大国仍是全球治理体系中的核心主体。近年随着国际竞争合作的深入，全球性问题不断增多且日趋复杂，特别是在需要更多协调的经济、安全和气候治理领域，现有治理体系已难以适应变化了的格局。

当前，全球治理体系中一个突出的矛盾是：一方面治理客体越来越复杂，需要各国特别是大国加强合作；另一方面，在全球治理主要机制中居主导地位、掌控着全球治理规则制定权的西方大国，却不愿意承担治理责任，反而强化同其他国家的竞争，阻碍其他国家参与，恶化了推进全球治理的政治环境。

全球治理的一个重要基础是国家治理，特别是在全球治理中发挥主导作用大国的国家治理。近年来，欧美一些国家出现民粹主义浪潮表明，这些国家的国内治理出了问题。从美国"政府停摆"创纪录，到英国陷入脱欧困境，再到法国"黄马甲"抗议运动，表明西方国家面临的问题不是个案性的，而是制度性危机。面对内部矛盾，一些国家不是通过改革缩小分歧、凝聚共识来解决问题，而是试图通过激发民粹主义等向外部世界转移矛盾，通过贸易战、推卸放弃本国国际责任等措施来缓解国内危机。这种做法对推进全球治理构成巨大挑战。

既有的治理核心主体在全球治理上失能、失愿，亦是百年未有之变。全球治理之变，为新兴国家参与全球治理并推动治理体系改革创造了难得机遇，它们有望跻身全球治理核心主体的行列，成为治理体系改革的中坚力量。

这些变化有着内在的联系，相辅相成相互作用，共同构成"世界百年未有之大变局"。这其中，经济是基础性因素，科技是助推器，经济格局之变导致政治格局变化，多极化不可逆转；世界格局之变又为全球治理体系改革创造了条件。上述诸多大变化中，核心是多极化和世界政治格局之变，本质是国际秩序和全球治理体系面临重塑。

联合国安理会会议现场。世界多极化的时代正在到来，一系列攸关人类命运的问题都在发生重大变化。

第二节　系统科学思维助推人类命运共同体

　　"人类命运共同体"的理念，来源于马克思"真正共同体"思想。共同体的概念是 1887 年由德国社会学家滕尼斯最早提出的，随后马克思在批判资本主义社会"虚假共同体"的基础之上提出了理想社会的共同体，即真正共同体，认为在共产主义社会下，人、社会和国家等因素都在"自由人的联合体"中实现统一，从而获得自由与全面发展。"人类命运共同体"理念是对马克思"真正共同体"思想的继承与发展。马克思实际上是从个人自由发展的角度探讨共同体的实现路径，个人得到全面的自由发展，共同体也会实现和谐。在这个意义上，"人类命运共同体"理念与马克思所追求的"真正共同体"达到内在契合和一脉相承。

　　系统论是"关于系统的一般理论"。由美籍奥地利理论生物学家和哲学家路德维希·冯·贝塔朗菲率先提出，后其理论和实践价值逐渐得到越来越多的重视和接受，不断运用于各类科学研究和实践中。系统论是一种科学的研究方法，其基本方法是，把所要研究、认识和处理的对象当作是一个系统，通过分析系统的结构和功能，研究系统各要素之间的关系及其与环境相互关系和变动的规律性，优化系统结构使其达到整体最优目标。

　　"人类命运共同体"理念与系统科学的理论方法是内在契合的，"人类命运共同体"理念中运用了系统论的研究方法。从哲学基础的角度讲，系统论是一种基于实用主义的理论，而"人类命运共同体"理念的产生也是基于目前世界各国和各地区联系日益紧密，面临环境、人口等问题应运而生的全球治理理念。从价值取向的角度分析，系统论始终追求不断解决系统内部的矛盾，优化、完善系统结构和功能，"人类命运共同体"

理念则希望通过和平发展、民主协商等实现合作共赢，进而实现社会公平正义、平等自由。因此，系统论与"人类命运共同体"理念具有内在统一性和相互协调性。

"人类命运共同体"是和平发展、合作共赢、互利互惠、平等相待等价值观念有机统一的系统，是一个整体的、开放的、动态的统一体。整体性是系统论的核心思想，也是系统论基本原理中最基本、最鲜明的特征之一。系统论认为任何系统都是一个有机整体，而非部分简单的机械整合，系统中各要素之间相互关联，相互制约，相互分离和结合，不可分割。"人类命运共同体"理念认为，世界各国及其人民是一个共同体，其中，各要素之间相互关联、依赖，一荣俱荣、一损俱损。可见，系统论思想和"人类命运共同体"理念均强调整体性的基本原理，保持和实现整体性是二者得以优化的有效路径。

系统论指出，任何系统都是差异和协同的统一整体。协同性意味着各要素之间需要相互合作；差异则保持个性的状态和趋势，二者须保持并重，取得平衡，只有这样，才能使系统朝着有序的方向演化。"人类命运共同体"理念承认差异的必然存在及合理性，各国经济发展水平、价值观念、宗教信仰等方面存在差异，但同时，各国人民还有着共性的特征和目标，每一个国家在追求本国利益时兼顾他国合理关切，在谋求本国发展中促进各国共同发展，增进世界人民的共同利益、整体利益和长远利益。

系统论的出现，使人类的思维方式发生了深刻的变化，为解决现代复杂问题提供了有效的思维方式。近年来，习近平总书记在推进政治、经济、军事、科学、文化等方面的思维和决策，表现出系统思维方法的科学性与系统性。

在这次的阿尔山论坛上，国际宇航科学院院士、中国航天系统科学与工程研究院院长薛惠锋教授谈到习近平总书记

阿尔山的夏天是一个被葱翠绿色包裹的童话世界，习近平总书记考察内蒙古时，曾赞誉"阿尔山自然风光四季都很美"。

的系统思维方法的具体体现。习近平总书记的系统思维方法是在学习与鉴取系统科学发展成果的基础上形成的，主要有以下几个方面。

第一，注重用系统思维方法来推进党和国家治理体系的变革。2013 年 9 月 17 日，习近平总书记在党外人士座谈会上指出，"全面深化改革是一项复杂的系统工程，需要加强顶层设计和整体谋划，加强各项改革关联性、系统性、可行性研究。我们要在基本确定主要改革举措的基础上，深入研究各领域改革关联性和各项改革举措耦合性。"2014 年 2 月，在省部级主要领导干部学习贯彻党的十八届三中全会精神全面深化改革专题研讨班指出："今天，摆在我们面前的一项重大历史任务，就是推动中国特色社会主义制度更加成熟、更加定型，为党和国家事业发展、为人民幸福安康、为社会和谐稳定、为国家长治久安提供一整套更完备、更稳定、更管用的制度体系。这项工程极为宏大，必须是全面的系统的改革和改进，是各领域改革和改进的联动与集成，在国家治理体系和治理能力现代化上形成总体效应，取得总体效果。"2017 年 9 月，在全国社会治安综合治理代表大会上谈到，"要坚定不移走中国特色社会主义治理之路，善于把党的领导和我国社会主义制度优势转化为社会治理优势，着力推进社会治理系统化、科学化、智能化、法治化，不断完善中国特色社会主义社会治理体系，确保人民安居乐业，社会安定有序，国家长治久安。"这些讲话都体现了科学的系统的思维方法。

第二，注重系统的整体性与要素的协同性。2012 年 12 月，习近平总书记在广东考察工作时指出："重大改革都是牵一发而动全身的，更需要全面考量，协调推进。不能畸轻畸重，也难以单刀突进。"2016 年 1 月，在省部级主要领导干部学习贯彻党的十八届五中全会精神专题研讨班上的讲话中指出："创新是一个复杂的社会系统工程，涉及经济社会各个领域。坚持创新发展，既要坚持全面系统的观点，又要抓住关键，以重要领域和关键环节的突破带动全局——着力增强发展的整体性协调性。"2016 年 5 月 30 日，他在全国科技创新大会上说："创新是一个系统工程，创新链、产业链、资金链、政策链相互交织、相互支撑，改革只在一个环节或几个环节搞是不够的，必须全面部署，并坚定不移推进。科技创新、制度创新要协同发挥作用，两个轮子一起转。"2017年 6 月，他在中央全面深化改革领导小组第 36 次会议谈到："注重全面深化改革的系统性、整体性、协同性是全面深化改革的内在要求，也是推进改革的重要方法。改革越深入，越要注意协同，既抓改革方案协同，也抓改革落实协同，更抓改革效果协同，促进各项改革举措在政策取向上相互配合，在实施过程中相互促进，在改革成效上相得益彰，朝着全面深化改革总目标聚焦发力。"

　　第三，注重系统的开放性与环境的协调性。任何一个系统都不能长久地封闭，必须要和外界环境交换信息、资源与能量，否则熵值就会渐大，直至导致系统的消亡。习近平总书记在 2016 年二十国集团工商峰会开幕式的演讲中特别指出："中国对外开放，不是要一家唱独角戏，而是欢迎各方共同参与；不是要谋求势力范围，而是要支持各国共同发展；不是要营造自己的后花园，而是要建设各国共享的百花园。"总书记还强调要坚持包容开放，探索求同存异、包容共生、平等相待、和谐相处。他谈到我们的开放"秉持的是共商共建共享原则，不是封闭的排他的，而是开放的包容的"，不是中国一家独奏，而是世界各国的合唱。从和平合作、开放包容、互学互鉴、互利共赢的丝路精神到开放包容合作共赢的金砖精神，从推动构建新型国际关系到推动构建人类命运

连接香港、广东珠海和澳门的港珠澳大桥，体现了我国综合国力与自主创新能力，体现了勇创世界一流的民族志气。

共同体，我国始终谋求开放创新包容互惠的外界关系。人类的历史是在开放中发展的。面向未来，中国经济要推动高质量的发展，必须在更加开放的环境下才能实现，中国开放的大门只能越开越大。等等，这些论述的实质就是注重系统的开放性与协调性。

第四，注重系统的重点突破与整体推进。系统的演化，在突变之前，是连续的而非断裂的。在推进系统演化的过程中，要发展地而不是静止地、全面地而不是片面地、系统地而不是零散地来审视系统，既要讲重点突破，又要讲整体推进。既讲两点论，又讲重点论；住牛鼻子，不能没有主次，

2016 年底，全球第三座、亚洲第一座可实现 24 小时连续发电的熔盐塔式光热电站在甘肃敦煌并网发电。

不加区别，眉毛胡子一把抓。比如，2012 年 12 月 31 日，习近平总书记在党的十八届中央政治局第二次集体学习谈到改革开放时强调，"改革开放是前无古人的崭新事业，必须坚持正确的方法论，在不断实践探索中推进。摸着石头过河和加强顶层设计是辩证统一的，推进局部的阶段性改革开放要在加强顶层设计的前提下进行，加强顶层设计要在推进局部的阶段性改革开放的基础上来谋化。要加强宏观思考和顶层设计，更加注重改革的系统性、整体性、协调性，同时也要继续鼓励大胆试验、大胆突破，不断把改革开放引向深入。""改革开放是一个系统工程，必须坚持全面改革，在各项改革协同配合中推进。改革开放是一场深刻而全面的社会变革，每一次改革都会对其他改革产生重要影响，每一次改革又都需要其他改革协同配合。要更加注重各项改革的相互促进，良性互动，整体推进，重点突破，形成推进改革开放的强大合力。"

第五，注重解决非平衡问题，推进系统走向动态平衡。当代中国发展的不平衡性主要体现在城乡、行业、区域等，推进均衡发展始终是习近平总书记的一个重要理念。2013年2月28日，习近平总书记在党的十八届二中全会上说，"收入分配制度改革是一项十分艰巨复杂的系统工程，各地区各部门要充分认识深化收入分配制度改革的重大意义，把落实收入分配制度、增加城乡居民收入、缩小收入分配差距、规范收入分配秩序作为重要任务，着力解决人民群众反映突出的问题。"接着，2013年11月12日，他在党的十八届三中全会上说，"全面深化改革必须促进社会公平正义、增进人民福祉为出发点和落脚点。这是坚持我们党全心全意为人民服务的根本宗旨的必然要求。全面深化改革必须着眼创造更加公平正义的社会环境，不断克服各种有违公平正义的现象，使改革发展成果更多更公平惠及全体人民。要把促进社会公平正义、增进人民福祉作为一面镜子，审视我们各方面体制机制和政策规定，哪里有不符合促进社会公平正义的问题，哪里就需要改革。"到了2015年，习近平总书记在十八届五中全会上提出了创新协调绿色开放共享的发展理念；2017年在党的十九大报告中，习近平总书记又一次强调，"必须坚持和完善中国特色社会主义制度，不断推进国家治理体系和治理能力现代化，坚决破除一切不合时宜的思想观念和体制机制弊端，突破利益固化的藩篱，吸收人类文明有益成果，构建系统完备、科学规范、运行有效的制度体系。"

附录：习总书记关于系统思维方法的论述摘要

党的十八大以来，习近平总书记在推进政治、经济、军事、科学、文化等方面的思维和决策，表现出系统思维方法的科学性与系统性。习近平关于系统思维方法的部分论述摘录如下。

注重用系统思维方法来推进党和国家治理体系的变革

全面深化改革是一项复杂的系统工程，需要加强顶层设计和整体谋划，加强各项改革关联性、系统性、可行性研究。我们要在基本确定主要改革举措的基础上，深入研究各领域改革关联性和各项改革举措耦合性，深入论证改革举措可行性，把握好全面深化改革的重大关系，使各项改革举措在政策取向上相互配合、在实施过程中相互促进、在实际成效上相得益彰。
——2013 年 9 月 17 日，习近平在党外人士座谈会上的讲话

今天，摆在我们面前的一项重大历史任务，就是推动中国特色社会主义制度更加成熟更加定型，为党和国家事业发展、为人民幸福安康、为社会和谐稳定、为国家长治久安提供一整套更完备、更稳定、更管用的制度体系。这项工程极为宏大，必须是全面的系统的改革和改进，是各领域改革和改进的联动和集成，在国家治理体系和治理能力现代化上形成总体效应、取得总体效果。
——2014 年 2 月 17 日，习近平在省部级主要领导干部学习贯彻党的十八届三中全会精神全面深化改革专题研讨班开班式上的讲话

要坚定不移走中国特色社会主义社会治理之路，善于把党的领导和我国社会主义制度优势转化为社会治理优势，着力推进社会治理系统化、科学化、智能化、法治化，不断完善中国

内蒙古自治区首府呼和浩特市兴安南路立交桥风光

上海自贸区临港滴水湖畔美丽风光。上海自贸试验区挂牌以来，外商纷至沓来。临港是最新进入上海自贸区版图的一片热土。

特色社会主义社会治理体系，确保人民安居乐业、社会安定有序、国家长治久安。

——2017 年 9 月 19 日，习近平在会见全国社会治安综合治理表彰大会代表时的讲话

注重系统的整体性和要素与要素的协同性

现在，重大改革都是牵一发而动全身的，更需要全面考量、协调推进。不能畸轻畸重，也难以单刀突进。

——2012 年 12 月 7 日至 11 日，习近平在广东考察工作时的讲话

改革越深入，越要注意协同，既抓改革方案协同，也抓改革落实协同，更抓改革效果协同，促进各项改革举措在政策取向上相互配合、在实施过程中相互促进、在改革成效上相得益彰，朝着全面深化改革总目标聚焦发力。

——2017 年 6 月 26 日，习近平在中央全面深化改革领导小组第三十六次会议上的讲话

注重系统的开放性与环境的协调性

中国对外开放，不是要一家唱独角戏，而是要欢迎各方共同参与；不是要谋求势力范围，而是要支持各国共同发展；不是要营造自己的后花园，而是要建设各国共享的百花园。

——2016 年 9 月 3 日，习近平在二十国集团工商峰会开幕式上的主旨演讲

当今世界，开放融通的潮流滚滚向前。人类社会发展的历史告诉我们，开放带来进步，封闭必然落后。世界已经成为你中有我、我中有你的地球村，各国经济社会发展日益相互联系、相互影响，推进互联互通、加快融合发展成为促进共同繁荣发展的必然选择。

——2018 年 4 月 10 日，习近平在博鳌亚洲论坛 2018 年年会开幕式上的主旨演讲

注重系统的重点突破与整体推进

创新是一个复杂的社会系统工程，涉及经济社会各个领域。坚持创新发展，既要坚持全面系统的观点，又要抓住关键，以重要领域和关键环节的突破带动全局。

——2016 年 1 月 18 日，习近平在省部级主要领导干部学习贯彻党的十八届五中全会精神专题研讨班上的讲话

推动长江经济带发展，前提是坚持生态优先，把修复长江生态环境摆在压倒性位置，逐步解决长江生态环境透支问题。这就要从生态系统整体性和长江流域系统性着眼，统筹山水林田湖草等生态要素，实施好生态修复和环境保护工程。要坚持整体推进，增强各项措施的关联性和耦合性，防止畸

重畸轻、单兵突进、顾此失彼。要坚持重点突破，在整体推进的基础上抓主要矛盾和矛盾的主要方面，采取有针对性的具体措施，努力做到全局和局部相配套、治本和治标相结合、渐进和突破相衔接，实现整体推进和重点突破相统一。

——2018年4月26日，习近平在深入推动长江经济带发展座谈会上的讲话

注重解决非平衡问题，推进系统走向动态平衡

全面深化改革必须以促进社会公平正义、增进人民福祉为出发点和落脚点。这是坚持我们党全心全意为人民服务根本宗旨的必然要求。全面深化改革必须着眼创造更加公平正义的社会环境，不断克服各种有违公平正义的现象，使改革

中华人民共和国70周年国庆前的广州市景观。过去的70年，中国取得了举世瞩目的伟大成就。

发展成果更多更公平惠及全体人民。如果不能给老百姓带来实实在在的利益，如果不能创造更加公平的社会环境，甚至导致更多不公平，改革就失去意义，也不可能持续。

——2013年11月12日，习近平在党的十八届三中全会第二次全体会议上的讲话

必须坚持和完善中国特色社会主义制度，不断推进国家治理体系和治理能力现代化，坚决破除一切不合时宜的思想观念和体制机制弊端，突破利益固化的藩篱，吸收人类文明有益成果，构建系统完备、科学规范、运行有效的制度体系，充分发挥我国社会主义制度优越性。

——2017年10月18日，习近平在中国共产党第十九次全国代表大会上的报告

内蒙古草原在"一带一路"背景下的发展，将成为全球草原地带现代化发展的一个范例。

第三节　草原文化与人类命运共同体的建构

随着全球化的发展，多元文明在一起交流、碰撞、融合。特别是进入 21 世纪，世界上出现了各种分歧、矛盾、争议，需要当下的我们认真地对待。在第二届阿尔山论坛上，吉林大学常务副校长、东亚社会学会（中国）会长邴正先生为大家总结了以内蒙古为代表的草原文化与民族文化，从对这一文化的发展历程的梳理中，带领大家在一个更大范围的视角上看草原文化与人类命运共同体的关系。

邴正先生讲到，首先，草原文明也是中华民族文化的摇篮之一。著名的考古学家苏秉琦先生认为，中华民族的文化不是源于一个中心，而是以满天星斗的形式形成的。传统的考古学的观点认为，中华民族的文化主要产生于黄河流域；后来，人们在长江流域发现了河姆渡文化、良渚文化、凌家滩文化、屈家岭文化等。后来，考古学界又在东北、内蒙古交界的地方发现了红山文化。所以苏秉琦先生依据考古的实例提出中华文化的"满天星斗说"。我们提到的红山文化就诞生在内蒙古中南部至辽宁省的西部地区。它的族属不清，据推测，当时生活在这一带的民族是山戎、东夷这样的一些民族集团。经过考古发现，出土了一系列的证据："中华第一龙"产生在红山文化。这个龙的形象出现于辽西的朝阳地区和内蒙古的赤峰地区；第二，它的宗庙制度和中原是类似的；第三，它的建筑对称结构和后来的中国的传统宫殿是一脉相承的。所以，它虽然族属不清，但是它肯定是中华多民族文化的重要源头之一。所以，内蒙古也是中华民族多元文化的摇篮。

　　第二，内蒙古是草原文明、游牧文明和农耕文明融合的一个集中地区。传统的历史学观点认为，中国的游牧民族和农耕民族长期处于征战状态。但是他们忽略了一点，就是中华民族文化的多元复合性，而其中最重要的就是游牧文化和农耕文化的融合。

　　中原文化最后形成的思想体系是儒教文化。儒教文化强调一个思想，就是中庸和合。既然中原长期和北方的游牧文化处于对峙状态，中原文化为什么要强调包容，强调融合，其中有几个原因：一个原因是，草原文明和农耕文明在经济上有同构性和依赖性。中原之所以能发展成发达的传统农业文明，养活了几亿人，主要的一个原因就是草原的游牧文化向中原输送牲畜，解决了中原的生产工具问题；而草原文明生产牲畜，但是它不生产茶、盐、丝绸等等，草原的游牧民族要向高端发展，他们需要的这些产品要由中原来提供。所以两者既有冲突又有融合，多数时间是融合关系，而这一点往往被人们忽略。

所以，草原文明对中原文明贡献很大。中国为什么出现了"大一统"？草原上过去有句话叫"胡儿三岁能骑马"，草原是全民皆兵，在冷兵器时代，骑兵占有战斗的优势，草原上一个部落十几万人或几十万人，对中原是极大的威胁。所以，中原必须形成一个大一统的中央集权、和一个规模超过百万的常备军，才能保持草原文明和农耕文明之间的平衡。否则，中原如果是四分五裂的，就经不住草原文明周期性的军事冲击。这种对峙促成了中国的大一统、中央集权、超级军备的历史传统性，对整个大一统的中华民族形成起了催化作用，而并不像传统说的主要通过战争。双方的对峙，对中国的社会结构思想文化、经济结构产生了重要的影响。这两者是互相依存为主、互相冲突为辅的。所以这样就形成了今天中华文化格局。

第三，内蒙古还是中华多民族文化融合的集中表现。首先，蒙古族的文化和满族之间有长期的交流。清朝的成功非常依赖满蒙联姻，满蒙联姻的结果就是蒙古族文化深刻地影响了满族文化，满族文化反过来也影响蒙古族文化。例如，满文即来自于蒙文。藏传佛教是先传到蒙古，然后再传到清朝的王室，后来，藏传佛教在中国内地有了很大的发展。此外，满族建立了八旗军制，对蒙古族影响大，现在蒙古族的行政体制"蒙旗"，它的基础来源于满族和蒙古族联合以后，按照满族的军事方式对蒙古族进行编旗，它的军制实际上实行了满制。所以满族文化和汉族文化在300多年的历史当中，有非常紧密的交流融合，并对整个中华文化产生身份认同。

同时，汉族的农耕文化很早就发生在河套平原，并且，农耕文化在早期就影响了蒙古族东部地区。中原的汉族来到内蒙古，内蒙古也促进了汉族的交流。比如，内蒙古的西部主要是说陕晋方言，而它的东部受东北方言影响，多元的文化都在内部交流，形成了今天内蒙古多元民族文化的一个良好的发展态势。

　　第四，内蒙古还是东西方文化交流融合的主要地区。世界上的三大宗教基督教、佛教、伊斯兰教，再加上古老的萨满教，都在内蒙古会合。蒙古族的传统宗教信仰是萨满教，元朝藏传佛教传到蒙古，使佛教在蒙古有了很大的发展。今天我们在内蒙古看到的大量寺召，以及很多地名，例如王爷庙、葛根庙，都是佛教文化的影响。

　　早在辽代，基督教就进入了内蒙古地区。内蒙古地区的考古发现了很多基督教的墓地、墓碑、十字架等物品。基督教的一个少数派聂斯托利派，在公元4世纪被多数派否决，被认为是异端，即将遭到斩尽杀绝时，聂斯托利派的主教率领残存教徒逃到了伊朗，经过丝绸之路进入长安，在长安留

灿烂夕阳下的呼和浩特，佛塔与现代都市交相辉映。在历史上，呼和浩特曾是佛教重要的传播区域。

下了"大秦景教流行碑"——中国人称聂斯托利派为景教。安史之乱以后，景教在长安的踪迹逐渐消失。到元代的时候，它传到了草原，赤峰地区留下了很多聂斯托利派的墓地遗址。可以看出，在西方没有发展繁荣的一个基督教的小教派，在中国一直传承到元代。此外，成吉思汗西征，带来了大量的色目人军队，而色目人都是伊斯兰教徒，因此，伊斯兰教又被蒙古军队带到蒙古草原，经过蒙古草原、西域，又传到中原，特别在中国西北地区广泛流行。所以蒙古草原对多元文化，特别是东西文化交流融合起了重要的作用。

第五，内蒙古是传统文明和现代文明交流融合的典范。传统上，人们认为内蒙古是草原地区，实行游牧的生产生活方式，这都是历史的看法。2019年内蒙古的统计公报数据说明，游牧农耕在整个内蒙古经济当中只占10%，工业占40%，而第三产业占了50%。内蒙古已经进入了现代化的发展阶段，它的城市人口已经达到了62.7%，高于全国城市化平均水平。内蒙古在2018年实现地区生产总值是17000亿，人均6.8万元人民币，接近人均1万美元，也略高于全国的平均水平。所以，从这个意义上，内蒙古是中国三大牧区中经济发展水平最高的地区，高于新疆西藏青海。内蒙古正在向现代文明发展前进。内蒙古现在的产业从草原农田到钢铁煤炭，从机械加工到电子航天，从低端到高端科技，发展态势良好，产业结构多样化。它的发展潜力很大，内部不再是传统的草原游牧地区，而是中国现代化发展的一个重要的、具有潜力的新兴产业发展的基地。

最后，内蒙古的民族文化发展与人类命运共同体建构的问题。首先，草原文明不仅仅是中国的现象，而是世界的现象，它是人类历史上一个重要的发展阶段。目前全世界有200个国家和地区，接近2/3的国家和地区都有草原文明。草原文明占了欧亚大国差不多2/3的地区，所以它不但是内蒙古的，也是中国的，更是世界的。人类历史发展经过多元的文明形态，包括原始社会、游牧社会、农业社会、工业社会，任何一个文化都不应该彻底消失。应该为草原文明探索一条走进全球化、信息化时代的新型草原文明的建设道路，既保持住草原的特点，又能够发展现代化，这对人类文明将是一个重要的贡献。

文化的特点是创造性，创造性必然带来文化的多样化。多样化是文化的魅力，是文化发展的源泉。就像论坛开幕式上的内蒙古青年民族合唱团的无伴奏合唱，如同天籁之音，绕梁不绝——它就是多元文化融合的典范。从草原文明看，为人类命运共同体建构做贡献，更重要的是在新的时代处理好人与环境的关系。要发展，还要兼顾环境。内蒙古发展如果成功，就能为全球的草原地区进入现代化提供一个成功的范例。发达国家的相关问题基本解决，然而，发展中国家这个矛盾非常严峻，而在非洲，以及中亚地区，草原的破坏很严重。中国也有这个问题，前些年内蒙古大力的发展采矿业、煤炭业，这种做法争议很大，因为草原的植被非常脆弱，一旦破坏就难以恢复原状。所以，在这一过程中，内蒙古要探索，不仅是代表自治区、代表中国，更是代表人类，来探索一条草原文明如何建设现代文明的道路。特别是作为发展中国家，在发展和保护环境的矛盾选择中，如何选择出一条成功的道路，使蒙古草原的蓝天白云、绿草碧水，能够像人类的命运一样，绵延不绝，永续兴旺。这是所有人共同的奋斗目标。

草原文化历史悠久，在过去数千年岁月中创造了辉煌灿烂的成就。如今全世界的草原区域都面临着如何走向现代化这一重大课题，对内蒙古草原来说更是如此。

附录：让系统之光亮丽祖国北疆风景线

薛惠锋

　　习近平主席强调，文明因交流而多彩，文明因互鉴而丰富。文明交流互鉴，是推动人类文明进步和世界和平发展的重要动力。今天，我们汇聚在美丽的阿尔山，共同探讨"全球文明对话与构建人类命运共同体"。我想，习主席的话已经点明了题中之意，为我们探寻文明发展之路提供了根本遵循指引。

　　大家知道，文明冲突与融合是人类发展演化及从陆地走向海洋、空中到太空乃至网络世界永恒的主题。人们的焦点往往聚焦在文明的形成、冲突特征及管控权与霸控权下的各种各样的势力范围，例如不同宗教地盘、不同党派、不同种族之间利益或意识形态冲突带来的世界分割，往往也形成各种围绕政治、经济、社会、文化、军事、宗教乃至自然被利益化的学说、理论、模式及传统！特别是历史上的各种地缘理论或"种族优劣论"，不知引发多少战乱和纷争！无论是一战、二战后的世界，还是未来，探索难、驾驭难、公平公正难及不能科学理性等是沉重之课题！

　　从另一个角度来看，寻找解决文明冲突与融合的高质量工具方法不仅是当今人类，还是世界发展必须完成之关键。

一、近代还原论牵引下的人类成果支撑不了当今世界的可持续

　　"还原论"，作为传统西方思维"拯救现象"的标志性方式，从第一次文艺复兴达芬奇画蛋开始，"将复杂对象分解为简单对象，将全局问题分解为局部问题去解决"就被视

为认识和改造世界的圭臬。例如，物理学对物质结构的研究已经到了夸克层次，还不能解释大物质构造；生物学对生命的研究也到了基因层，也回答不了生命是什么。毫无疑问，"还原论"引领的现代科学技术发展虽然取得巨大成就，但是，其不足与缺陷也日益凸显。

在科学技术上，表现为对每个局部的透彻认识无法换来对整体的清晰感知。在经济社会发展上，单纯追求利益最大化难以平衡可持续性。在国家和世界治理体系上，缺乏整体、完整意义上的"世界"的理念和哲学基础。于是我们看到当今世界动荡不安：美俄中止《中导条约》，日韩贸易龃龉，中美贸易纷争悬而未决……安全与发展的基石被动摇，冲突代替对话之势愈演愈烈，文明世界危机重重。

二、成就"和"文化的整体论往往解决不了现实问题的科学性质

和羹之美，在于合异。把万事万物看作一个整体的"整体论"思想，为从哲学层面破解"还原论"的弊端，提供了另一种思考方式。整体论主张一个系统（宇宙、人体等）中各部分为一有机之整体而不能割裂或分开来理解，要从整体上考虑最优效果。整体论思想作为一项文明经典，的确曾在一定程度上指导了人类文明的发展演进。

然而随着社会的革新和进步，以及世界文化的交融加深，整体论的缺陷也显而易见。"整体论"本身缺少科学理论的支撑，很大程度上只是一种笼统的猜测和虚无缥缈的循环。对事物运行规律的忽视，对内在结构实体认识不深，仅凭"主观推测"的古代整体观只能在历史的特定时期发挥关键作用，其内在的朴素哲学思辨已不足以解决频发的世界复杂性问题。

三、系统论是还原论与整体论的辩证统一，是解决复杂问题的金钥匙

作为中国航天的奠基人，钱学森在长期指导航天事业发展过程中，丰富和发展了他在美国奠基的系统工程思想，开创了一套既有中国特色，又有普遍科学意义的系统工程管理方法与技术。这使得中国航天能够利用很少的投入、很短的时间，将成千上万的人有效组织起来，突破规模庞大、系统复杂、技术密集、风险巨大的大科学工程。为此，他将系统工程思想十分自豪地称之为"中国人的发明""前无古人的方法""是我

内蒙古锡林郭勒明安图的璀璨星空。在"一带一路"背景下如何更好地建设祖国北疆的亮丽风景线，是薛惠锋院士发言的核心。

们的命根子"。在哲学理论层面，钱学森结合还原论和整体论，形成了"系统论"思想，来推动社会系统工程的探索。他强调，对于系统问题首先要着眼于系统整体，同时也要重视系统组成部分并把整体和部分辩证统一起来，最终是从整体上研究和解决问题，它体现的是系统思维。钱学森提出的"开放复杂巨系统理论"能够让我们在复杂性世界化背景下的实践中，准确把握事物的本质及其发展变化的规律。系统论既避免了"还原论"思想中"只见树木，不见森林"的矛盾，也避免了"整体论"思想中"只见森林，不见树木"的弊端。既超越了还原论方法，又发展了整体论方法。系统论的方法是钱学森在科学方法论上具有里程碑意义的贡献，不仅大大促进了系统科学的发展，同时也必将对自然科学、社会科学等其它科学技术领域产生深刻的影响，为人类文明进步发展提供了根本遵循。

在方法技术层面，钱学森提出"从定性到定量综合集成方法"及其实践形式"从定性到定量的综合集成研讨厅体系"。其实质是把机器的逻辑思维优势、人类的形象思维与创造思维优势有机结合在一起，把数据、信息、知识、计算机体系有机结合起来，为获取"人机结合、人网结合、以人为主"的最高层次的智慧指明了方向。而运用这套方法体系的集体就是一个总体设计部，即由跨领域、多学科的专业技术人才组成，由具有决策支撑经验的高级顾问及领导者共同构成。总体设计部为社会、政治、经济、文化、生态和人自身建设与改革提供决策咨询服务。钱学森的这一创见，为人类认识客观世界、改造客观世界提供了不可替代的关键利器。在工程实践方面，钱学森认为：人类文明处于量变到质变的临界点，迫切需要一次全新的文明转型，就是综合东西方的优势，以系统论的思想，开创"第二次文艺复兴"。其基本过程是：经济社会的发展瓶颈，迫使人类产生新的思想文化革命，进而引发新的科学革命、技术革命、产业革命、社会革命，直到再一次遇到瓶颈，催生新的文艺复兴。钱学森认为，通过"系统论"的发展应用，将使人类把握客观规律的能力实现跨越式的提升，把以信息技术为核心的第五次产业革命、知识密集型大农业为核心的第六次产业革命以及人体医学为核心的第七次产业革命不断向纵深推进，进而消灭"三大差别"——城乡、工农、脑力劳动和体力劳动差别，达到"整个社会形态的飞跃"，实现恩格斯在100多年前所说的从"必然王国"到"自由王国"的飞跃。钱学森的第二次文艺复兴理论，为突破现代文明的发展瓶颈勾勒了清晰的行动路径，让世界人民看到了一条通往理想世界的宽广道路。

薛惠锋院士在第二届阿尔山全体大会上发言。

四、"人类命运共同体"是文明冲突与融合的最高智慧和不二选择

历史上，文明的演进伴随着文明的冲突时断时续，兴起又衰落，潮退又潮涌。"建设持久和平、普遍安全、共同繁荣、开放包容、清洁美丽的世界"的"人类命运同体"构想，汇聚了人类智慧、凝聚了发展共识，擘画了社会愿景，正是为推动人类文明进步和世界和平发展贡献的新思路和新方案。

内蒙古作为"一带一路"陆路通道中的重要节点，"草原文明先行先试"具备得天独厚的区位优势，"草原雄风一马当先"具有牵一发而动全身的"牛鼻子"示范效应。传承钱学森系统工程思想，将助力内蒙古深化"一带一路"建设，激发内蒙古开放的新活力，开启内蒙古经济腾飞的新格局，谱写"人类命运共同体"的新篇章。

薛惠峰院士认为，内蒙古作为"一带一路"陆路通道中的重要节点，
应该努力构建成为"人类命运共同体先行示范区"。

　　以思想的穿透力，回应时代之问。身处百年未有之大变局，以迈向太空的高度来考虑地球和星际未来，不同文化如何平等相待，不同文明如何和谐共处，既考验人类智慧，又攸关全球未来。为消除全世界面临的文明冲突之"根"，化解动荡不安之"源"，要求我们以系统思想之光凝聚全球共同愿景，以系统思想之光为人类进步提供正确精神指引，运用"从定性到定量的综合集成方法"开拓互利共赢之路，让中国智慧成为引领时代潮流和人类文明进步方向的鲜明旗帜。

　　以管控的持久力，铸牢合作之基。运用总体设计部思想，实现内蒙古与俄蒙等"一带一路"管控主体之间平等参与、共建共享。优化治理方式，鼓励各方融入开放治理体系，在规则制度之下各方进行协调合作。总体设计部对"一带一路"各个国家的系统结构、系统环境与系统功能，进行总体分析、总体论证、总体设计、总体协调、总体规划，把整体和部分与环境协调统一起来，给出总体方案，解决各国间发展不平衡不充分的问题，从而实现真正的开放、包容、普惠、平衡、共赢。以行动的塑造力，开辟发展新路。利用航天尖端技术转移转化平台，打造"黑色煤炭、绿色经济"的"氢等离子煤制乙炔工程"，实现"集约用水、零废排放、清洁高效"的能源革命，推动内蒙古产业升级和新旧动能转换；以"物理-信息-数据-知识-智能-智慧"的梯级涌现为特色，以太阳能为能源，以内蒙古广袤的沙草为资源，发展集约高效循环、绿色引擎生态的知识密集型大农业。让内蒙古的果蔬乳制品走出去，让"万里茶道"汽笛长鸣，续写丝绸之路新传奇；把发源于航天的人—机—环系统工程应用到蒙医药中医药中，既能够发挥蒙医蒙药的特色优势，又可以打造疾病预防、医疗诊断、紧急救助等全流程的"天地一体化"医疗服务体系，赋予蒙医"医疗外交"的新名片。

结语

就在前不久，中国政府作出了支持深圳创建中国特色社会主义先行示范区的意见。北方高地，东风拂来；鲲鹏展翅，万里无垠。内蒙古实则是朝着"人类命运共同体先行示范区"的方向敢为人先、锐意进取，逐步实现陆海内外联动、东西双向互济的发展新格局。我们同样相信，融合了东西方智慧的"系统思想"必将在内蒙古构建"人类命运共同体先行示范区"的道路上，推动智慧的薪火代代相传、发展的动力源源不断、文明的光芒熠熠生辉！

第二章

全球文明对话：中国与东北亚地区的新机遇

一个新的东北亚六方合作机制应运而生，在一个保护主义、单边

主义甚嚣尘上的逆全球化潮流中，将成为独树一帜的中流砥柱。

第一节　经济全球化的展望

推动构建人类命运共同体是习近平总书记应对国际复杂挑战、着眼于世界前途和人类发展提出的中国方案，彰显着马克思主义哲学的时代光辉和中华优秀传统文化积淀的中国智慧，在国际社会产生了广泛的影响。2019 年 5 月 15 日，习近平总书记在亚洲文明对话大会开幕式的主旨演讲中指出："文明因多样而交流，因交流而互鉴，因互鉴而发展。我们要加强世界上不同国家、不同民族、不同文化的交流互鉴，夯实共建亚洲命运共同体、人类命运共同体的人文基础。"总书记的重要论述，表达了中国对于国际秩序的美好愿望和追求，成为中国引领时代潮流和人类文明进步方向的鲜明旗帜，为我们开展文明对话、推动构建人类命运共同体指明了方向、提供了基本遵循。

在这一届阿尔山论坛中，来自中外各国的各领域学者、企业家、政府工作者、传媒界人士等以"全球文明对话与人类命运共同体"为主题，就经济转型、文明提升、制度建设等方面展开了热烈的讨论。论坛的主持者是来自吉林大学经济学院院院长、长江学者、经济学家李晓先生。他带领大家简单回顾了自西方大航海时代以来的历史和中美当下的贸易战，提出了一个问题：在这样一个新的百年的征程即将开始的时刻，展望未来，接下来的十年是奠定人类文明科学的非常重要的阶段。在这样一个过程中，从宏观的世界考虑，我们的政治、经济、社会等面临的挑战是什么？我们如何应对？

一、全球化的概念

中美贸易战是近年来的热门话题，关于这个问题的探讨已是汗牛充栋，但从更广的视角，从系统、连续的历史角度看，

第二届阿尔山论坛全体大会上，第十二届全国政协副主席陈元（中）、内蒙古自治区主席布小林（右）、巴勒斯坦驻华大使法里兹·马赫达维（左）在认真聆听专家发言。

该问题只是整个全球化过程中出现的一个阶段性现象。它产生于全球化与逆全球化的矛盾运动过程中，而贸易战实质上是逆全球化的一个突出表现。

2000 年，国际货币基金组织定义了全球化的概念：全球化是指通过各类商品贸易活动，通过国际资金的流动，通过人口迁移与劳务输送，通过技术与知识的广泛传播，使各国经济在世界范围高度融合，形成相互依赖关系的过程。在全球化的类型中，最重要的是经济全球化。经济全球化是指世界经济活动超越国界，通过对外贸易、资本流动、技术转移、提供服务、相互依存、相互联系而形成全球范围的有机经济整体的过程，具体表现为商品、服务、技术、信息、货币、人员、资金、管理经验等产品和生产要素跨国跨区域的流动，从而使世界经济日益成为紧密联系的一个整体。

中国舞蹈开启纽约时代广场跨年夜。随着中国经济的持续向好发展，中国传统文化在世界上的影响也越来越大。

古典经济学家亚当·斯密和大卫·李嘉图均是经济全球化的倡导者。斯密以自由主义经济思想为基础扩展其经济全球化理论。他特别强调分工的作用，主张自由地发展对外贸易，反对垄断和政府限制政策。李嘉图持基本相同的观点，认为使国际贸易处于自由状态是明智的选择，一国的繁荣并不是由另一国的贫困促进的，对贸易自由不加束缚并制定开明的政策，才能更好地促进每个国家与所有国家的福利。赫克歇尔与俄林进一步推进了贸易自由化的"比较优势"理论，提出要素禀赋理论，认为每个国家或地区利用它相对丰富的土地、劳动力、资本等生产要素从事商品生产，就处于比较有利的地位，如果利用其相对稀少的生产要素进行商品生产，就会处于比较不利的地位。

主张经济全球化的当代学术流派主要是新自由主义学派。其代表人物K·奥迈认为，经济全球化就是全球经济和市场的一体化，这种一体化不是你死我活的"零和游戏"，而是对双方都有利的"正和游戏"，是对世界资源的优化组合，绝大多数国家都将在经济全球化过程中得到长远比较利益。新自由主义派还大力赞美世界贸易组织，认为它确立了国际贸易的四项普遍性原则：即非歧视性、互惠性、透明性与公平性原则。新自由主义学派强调市场机制的作用，认为通过生产要素在市场上的自由流动能达到资源的有效配置。新自由主义学派在自由贸易的思想渊源上与古典经济学派是一脉相承的。

无论是古典经济学派还是新自由主义学派，对国际贸易自由化的论述，是符合贸易促进经济发展规律的，对国际贸易的发展是具有积极意义的。

回顾20世纪中期以来全球化概念的发展可以看到，1960年，加拿大学者马歇尔·麦克卢汉在《传播探索》中明确地提出了"地球村"的名词。他认为，在当代社会，广播和电视已经进入了我们的生活，如果计算机能够进一步开发和有效地运用，那么旧的价值体系和孤立的制度外衣就将崩溃，取而代之的应该是人人参与的新型地球村的出现。"城市不复存在，唯有作为吸引游客的文化幽灵。任何路边的小饭店加上它的电视、报纸和杂志，都可以和纽约、巴黎一样，具有天下在此的国际性"。1985年，由美国著名经济学家莱维执笔的《谈市场的全球化》一文使"全球化"一词第一次在公开刊物上被用来形容前20年的世界经济发生的巨大变化，即生产、贸易、资本开始在世界范围内进行前所未有的发展和流动，科学技术不仅获得了巨大的发展，还开始成为全球的共享资源。

联合国贸易和发展会议认为，经济全球化的实质在于生产者与投资者的行为日益国际化。世界经济由统一的世界市场和生产区组成,而不单纯通过国家间的贸易和投资流动连接而成,国家和区域只是世界经济活动运行的分支单位。国际货币基金组织把经济全球化视为世界经济发展的客观过程,并在其发表的《世界经济展望》中明确提出:经济全球化应该是"通过贸易、资金流动、技术涌现、信息网络和文化交流,世界范围的经济调整融合,其表现为贸易、直接资本流动和转让"。德国学者于尔根·弗里德里把全球化的进程看作是一种不断强化的网络化进程,并把这种网络化概括为依赖性的设想、转移性的设想和集中化的设想三个要点。被誉"全球化"之父的美国学者丹尼尔·耶金则认为全球化应该是一个过程的结果,而不是过程本身,它是一种已经既成事实的状态。

二、经济全球化的历史进程

关于经济全球化历史进程的起源问题,西方理论界主要从经济全球化发生的时间和推动力两方面进行过论述。英国学者简·阿特·斯图尔特从两个角度考察了经济全球化的起源。首先他认为全球化是超地域空间扩展的,那么全球化就应该在500年前或更早的时间就已经在人们的意识之中诞生了;从意识形态的角度来看,全球化无所谓起源时间。同时,他还提出"直到19世纪,真正超地域空间的科学技术成为可能后,才为他所理解的全球化提供了较为真实的物质基础";就其以超地域性的高速发展的科学技术为物质基础而言,经济全球化的历史进程应该起始于19世纪。

西方大多数学者把全球化等同于跨洋的远程国际贸易,认为经济全球化应该起始于15世纪的欧洲。英国历史学家汤因比曾提出,"15世纪的航海大发现促使人类的脚步从一个大陆跨到另一个大陆之上,进而实现从草原到海洋的革命性变革,西方人从中获得了好运,获得了比其他文明更为优

全球化的核心是经济全球化，但全球化的进程中利弊并存。习近平总书记曾说过："经济全球化是一把'双刃剑'。"

先的发展，并迫使其他文明统一于真正单一的世界范围的社会中"。德国学者狄特玛尔·布洛克认为，经济全球化源起于 15 世纪初，而且在人类历史的进程中曾出现过两次经济全球化。第一次经济全球化指的是以国际劳动分工为基础，各民族国家和地区经济的快速发展，它的核心是标准化的大工业生产；第二次经济全球化是发生在 20 世纪 60 年代后期，经济全球化导致了民族国家被削弱，世界范围内的企业不再依靠大工业生产和各种生产要素传统意义上的结合，而取决于各种科学技术、信息与知识的组合。

还有一部分学者把经济全球化的起源与资本主义的历史进程联系在一起。美国经济学家保罗·斯威齐就曾提出，经济全球化不是某种条件或者现象，它是四五百年前资本主义作为一种社会形态在世界范围内逐渐扩延的历史进程。此外，美国耶鲁大学学者沃勒斯坦认为，资本对外扩张的本性决定了资本主义的发展必将冲破国界，走向世界。由此可以认为经济全球化的历史进程与资本主义生产方式的发展是同步的，它们共同经历了由民族国家内部向世界范围内扩张的过程。美国著名历史学家斯塔夫里阿诺斯在《全球通史》中指出，经济全球化起源于 1500 年，从此，地区历史转变为全球历史，进而人类动物和植物全球性扩散，以及经济关系、政治关系和文化关系在全球范围内相互联系、相互作用。而从马克思世界历史理论中可以看出，他认为经济全球化应该起源于欧洲革命时期。《德意志意识形态》中，马克思提出，"大工业创造了交通工具和现代的世界市场，控制了商业，把所有的资本都变为工业资本，从而使流通加速、资本集中"，"它首次开创了世界历史，因为它使每个文明国家以及这些国家中的每一个人的需要的满足都依赖于整个世界，因为它消灭了各国以往自然形成的闭关自守的状态"。

关于经济全球化的性质，大多数学者认为经济全球化的实质就是"无国界经济"和"经济地理的终结"。法国学者雅克·阿达提出，"资本主义在空间进行的拓展已经遍及世界的各个角落，而经济全球化既是这一空间拓展的表现，也是并且首先是一个改变、调整以至最后消除各国之间各种自然的和人为的疆界的过程。这种疆界是资本进行世界规模积累的障碍"。著名学者巴蒂认为，经济全球化最终会毁灭主权国家，使整个世界连为一体。从此，主权不会再是无可争辩的基本价值，主权的内涵也会随着外界观念的逐渐渗透而改变。而著名的新自由派理论家罗伯特·赖克认为，经济全球化的快速发展必将增强各民族国家和地区在经济甚至政治和文化方面的紧密往来和联系，从而进一步促进国际经济组织、国家惯例和制度以及世界经济秩序的扩张和改革。由此各民族国家相互依存的经济政治结构开始发生新的发展态势。各民族国家的权威受到了相应的冲击和挑战，并主要体现在三个方面：即破坏了国家的经济自主性；夸大国际机制、国际组织以及自组织的作用以及削弱了民族国家存在的根本价值。此外，还有一些左翼学者甚至把经济全球化完全等同于资本主义全球化，认为经济全球化的实质就是资本主义在世界范围内的扩延和发展。法国学者阿兰·杜兰在《共产党宣言的现实性》中指出："重读1848年的《共产党宣言》，惊讶它的现实性，从最初的几页开始，只需将资产阶级换成全球化，就是当今的现实。70年代以来，我们正处于资本主义的第二个时期，全球化掩盖资本主义的本质，商品主义的统治，就是资本主义的统治。"罗伯特·萨缪尔逊则认为，"经济全球化是一把'双刃剑'：它是加快经济增长速度、传播新技术和提高富国和穷国生活水平的有效途径，但也是一个侵犯国家主权、侵蚀当地文化和传统、威胁经济和社会稳定

陆家嘴位于上海市浦东新区的黄浦江畔，隔江面对外滩。是众多跨国银行的大中华区及东亚总部所在地，也是中国最具影响力的金融中心之一。

的一个很有争议的过程"。德国左派学者约阿吉姆·比朔夫指出，"世界经济的本质就是使人群、企业和国家在它的范围内根据在本质方面完全不同的起点条件彼此竞争。这些竞争者不可避免地要分化为胜利者与失败者，受欢迎者与被驱逐者，受优待者与受歧视者。除了利润与实力的标准，没有其他社会价值可以用来检验这种竞争的效率"。

三、经济全球化的展望

从经济全球化进程所产生的影响和作用的角度出发，美国的哈佛大学教授杰弗里·萨克斯认为，经济全球化的发生和发展使全世界发生了巨大的变化和变革，即它不仅促进了世界经济的迅猛增长和世界市场中宏观经济的稳定发展，还改变了全球的收入分配情况，世界政治格局也随之出现了新的变化。而美国杜克大学阿里夫·德里克教授把经济全球化看作是全球资本主义。他认为，在经济全球化历史进程中，生产、贸易、资本、科学技术以及资本主义生产关系在世界市场上自由发展，从而使资本主义的政治、经济和文化渗入到了世界上的每一个角落。而英国学者斯克莱尔认为经济全球化指的就是以资本主义生产方式为核心的经济体系在世界范围内的扩延和发展。著名社会学家安东尼·吉登斯则从两个方面总结了经济全球化的内涵，一方面，经济全球化体现了一种普遍发展的过程，它的发生和发展促进了各国家和地区的相互联系的多样性；另一方面，经济全球化的发生和发展也大大加深了各民族国家和地区之间相互联系、相互影响以及依赖的程度。西方左翼学者阿尔博则认为，经济全球化是植根于资本主义生产关系中的，是市场作为一种经济规范者的日益普遍化。

关于经济全球化历史进程的未来发展趋势，乐观主义者认为，经济全球化是人类历史客观发展的进程，为发展中国家向工业化国家发展带来了新的机遇，它有效的促进了世界各国的经济增长，从而促进了人类生活的全面发展和进步。美国学者朗沃斯认为，"全球化意味着许多好处，人们能享用来自世界各地的大量的新颖而便宜的商品和服务；控制经济信息的、受过高度训练的工作人员能得到王公俸禄般的薪水；特别是贫穷国家成千上万的工人有机会过上体面的生活"。著名经济学家约翰·H·邓宁认为，"除非有天灾人祸，经济活动的全球化不可逆转。这是技术普及的结果，而技术进步的企业是不可逆转的"另一方面，悲观主义者认为经济全球化本身是一个不被任何国家或组织操控和掌握的历史进程，由此为之感到担心和恐慌。他们认为，经济全球化的发展不仅会导致世界范围内贫富差距的悬殊进一步加大，还会引发世界范围内的生产过剩，从而使各民族国家和地区的经济危机演变成世界范围内的经济危机和社会动荡。世界未来学家阿尔文·托夫勒提出，"自由贸易会带来不胜枚举的好处。不过，这种好处不会被富人和穷人平均分享"。美国学者詹姆斯·彼得拉斯则认为，当今的经济全球化虽然是人类社会发展的新生事物，但由于它没有可靠的社会基础支撑，造成了它在拉美、欧洲和亚洲已经受到了顽强的抵制。彼得·马丁和哈拉尔特·舒曼认为，"自1960年以来，最富有的国家与世界上1/5最贫穷的国家之间的差距扩大了一倍。经济全球化实际上是一个可怕的陷阱。任其发展的结果一定是社会结构的全面崩溃，经济福利和社会保障不复存在，取而代之的是无法遏制的两极分化和社会不稳定因素与日俱增"。德国的著名学者哈贝马斯认为，经济全球化把世界上的各民族国家及个人的命运紧密联系在一起，成为风险共担的共同体。

还有在一部分极端经济全球化的赞美者，他们在认同经济全球化的发生与发展是人类历史的客观发展趋势的同时，认为经济全球化标志着人类历史发展已经进入一个新的历史时期。在这个新的历史时期，世界经济快速发展，民族国家开始成为影响和阻碍世界经济的发展的不和谐因素，而市场开始成为决定和解决世界经济发展中各种问题的唯一力量。世界市场作为世界经济发展的单一市场的出现以及国际竞争规则相应的出现和完善，标志着人类社会发展到一个新的时代。经济全球化通过生产、贸易和资本的跨国发展和流动以及网络信息在世界范围内的覆盖促进了经济发展的无国界化，并根据其客观发展的需求建构了新型的、符合世界经济发展的国际经济组织。这些组织的发展和完善正在代替也最终代替传统的经济、政治单位，也就是民族国家。从新自由

辽宁港口集团大连港汽车码头，这里背靠东北三省和内蒙古东部地区，辐射东北亚，港阔水深、四季通航，是中国北方走向世界最近的海上门户。

主义经济学的角度来看，在经济全球化的背景下，民族国家内部某些经济集团可能在世界经济竞争中受到一定的限制和阻碍，但根据比较优势原则，在一些特定商品的生产贸易方面，几乎各民族国家都会存在一定的比较优势，从而使世界经济朝着一个共赢的结果发展，而不是零和结果。同时，随着经济全球化的发展，全球治理机制也会出现新的与现实相适应的发展趋势。世界贸易组织、世界银行等国际经济组织在经济全球化的进程中体现出越来越高的地位和权威，使各民族国家的经济生活都纳入了全球权威的调控对象之中。世界经济秩序的快速发展与对国民经济日益加深的干预促使各民族国家的权威及合法性开始受到相应的阻碍和挑战，并随着这种全球治理作用的不断增强，各民族国家的主权和自主性也会向逐渐削弱的趋势发展。

第二节　全球化面临的挑战

全球化的核心是经济全球化。习近平主席指出："经济全球化是一把'双刃剑'。"一方面，它为世界经济增长提供了强劲动力，促进了商品和资本流动、科技和文明进步、各国人民交往。另一方面，它也存在一些不足和问题，主要表现为：一是以少数发达国家为主导的全球治理体系及其相应制度安排滞后，难以有效解决全球气候变暖、跨区域空气和水资源污染、债务危机、移民融合失败、难民危机、恐怖袭击等国际问题。各类不确定和不安全因素增加，诱发出富有逆全球化色彩的民粹主义、保护主义、利己主义、全球治理不足。二是利益分配机制不平等导致贫富差距不断扩大。一方面，在经济全球化进程中发达国家和发展中国家的红利分配不均，南北差距问题愈发突出。另一方面，经济全球化的成果往往被大企业和少数精英阶层所享有，普通民众在全球化中享有的收益不多，发达国家内部贫富差距越来越大。据美银美林的统计，过去 30 年间，占人口比重 90% 的美国底层家庭获得的财富比例下降了 13 个百分点，而占人口比重仅 0.1% 的最富有家庭的财富占比却在不断攀升。反全球化思潮主要在部分发展中国家和发达国家中下阶层中出现，这也从侧面反映出全球化进程中包容性和普惠性的缺失。三是经济全球化构建了日益紧密的国际分工格局和生产外包体系，大量发达经济体内部逐渐失去竞争优势的传统制造业向生产成本较低、具有劳动力优势的发展中国家转移，这种转移一定程度上会导致移出国失业率上升。产业转移符合世界经济发展规律，但部分发达国家却将高失业率归因于全球化。意大利是世界制造业大国之一，但近年失业问题十分严重。例如，意大利统计局发布报告称，2016 年 11 月意大利失业率上升至 11.9%，其中，青年失业率上升至 39.4%。

因此，在全球化的过程中，关于全球化的争鸣一直存在。匈牙利政治经济学家卡尔·波兰尼指出全球化悖论，认为全球化的扩张呈"双向运动"，增大了市场整合力量的同时却使个人对社会保护需求增加，全球化就像不断拉伸的橡皮筋，拉得越长绷得越紧，一旦市场力量与政府政策脱节，最后不是弹回就是断裂。哈佛大学经济政策研究中心研究员丹尼·罗德里克进一步分析了这种"双向运动"，如果政府力量过于强大，保护主义将盛行；如果市场力量过于强大，世界经济将出现动荡，弱势群体将得不到保障。他认为，经济全球化存在负面效应，不可避免地会对社会造成冲击，导致高技能和低技能工人间的差距拉大，国家间不同观念、制度出现碰撞，政府提供社会保障的财政压力加大。

反对全球化的呼声与全球化进程共存，这种现象被称为"逆全球化"或"去全球化"。许多学者认为这是一种与全球化理念相悖，减少世界各国之间相互依存、相互融合的发展趋势。"赫尔穆特·施密特"经济史奖获得者、普林斯顿大学教授哈罗德·詹姆斯认为，贸易保护主义和反移民运动是逆全球化的导火索，而逆全球化趋势的出现主要归因于全球化的制度缺陷。这些观点挖掘了全球化的内在问题，但对于如何正确处理全球化缺陷没有得出明确的对策建议。

菲律宾大学社会学教授戈尔登·贝罗将逆全球化定义为与以资本、生产和市场在全球层面加速一体化的全球化进程背道而驰，重新赋权于地方和国家层面的思潮。通过比较"全球化"与"逆全球化"的基本概念可以认识到，逆全球化扭转了全球化进程，不利于世界经济的复苏。

逆全球化浪潮也是由来已久，纽约大学一项研究发现，逆全球化趋势出现于 1914 年至 1970 年，部分发达国家贸易占 GDP 的比重下降，致使它们与其他国家经济融合度下降，

2013 年 12 月 3 日，印尼大学生抗议世贸组织在巴厘岛举行会议。

并随着全球化的不断深入而日益明显。1999 年 11 月 30 日，
世界贸易组织（WTO）西雅图会议遭到各种团体联合组织的
大规模抗议，由部分发达国家发起了"反全球化运动"。"逆
全球化"与"反全球化"有一定相关性，可以说"反全球化
运动"进一步加剧了"逆全球化"趋势，而"逆全球化"思
潮也是引发"反全球化"运动的因素。20 世纪末的"反全球化"
主要是反对全球化进程中的某一方面，把社会矛盾和利益冲突
简单地归结在全球化头上，如环保组织反对破坏环境、劳工
组织主张提高工人待遇、妇女团体主张维护妇女权利等。随着
时代发展，逆全球化趋势逐渐渗入到经济、贸易、社会、科技、
文化和政治等多个层面。同济大学德国研究中心主任郑春荣指
出，"逆全球化"思潮产生的原因是全球化进程中西方出现了

全球化赢家与输家之间的结构性对立，即全球化发展加剧了不同国家和地区之间及其内部的不平等状况。中国现代国际关系研究院欧洲所副所长刘明礼认为，目前西方国家出现的"逆全球化"浪潮已经开始影响国家重大决策，表现在拒绝外来移民、要回国家主权、压制新兴国家等方面，主要原因在于内部贫富分化加剧以及外来竞争压力。

当前，全球经济陷入持续低迷的状态，贫富差距问题突出，保护主义不断升级，全球多边机制面临挑战，逆全球化趋势日益明显。历史的经验表明，逆全球化会人为切断资金流、技术流、产品流、产业流、人员流等交流与合作的纽带，不仅破坏了世界经贸体系与全球价值链的正常运转，还将侵蚀全球化所创造的合作共赢的成果，不利于世界经济可持续发展。保护主义作为逆全球化的主要表现形式，本质是从国际分工体系中挣脱而出，逆全球化趋势而为，会导致全球人员、商品、资本、技术等要素自由流动过程中的壁垒愈发明显，将对世界经济造成不利影响。保护主义措施数量繁多，并随着逆全球化趋势的上升而递增，呈现出全球性、多样性、复杂性的特点。据 WTO 统计，自 2008 年金融危机以来，WTO 成员国共推出 2100 多项限制贸易的措施。其中，G20 国家出台的歧视性贸易保护政策数量逐年增加，并在 2016 年达到自由贸易政策数量的 2.8 倍。通过世界进出口贸易额占 GDP 比重来衡量全球化发展水平，可以发现，世界进出口贸易额占 GDP 比重从 2008 年的 51.86% 降至 2015 年的 44.99%，下降了 6.87 个百分点，相当于倒退回 2005 年以前的水平。

逆全球化和保护主义违背了自由贸易与全球化发展原则，容易引发世界各国外贸环境恶化、资源流动受阻、失业率上升、金融风险增大等一系列问题，会对经济全球化形成巨大挑战。习近平主席指出："搞保护主义如同把自己关进黑屋子,看似躲过了风吹雨打,但也隔绝了阳光和空气。"保护主义带来的挑战主要表现在以下几个方面:一是保护主义会减缓自由贸易进程,提高商品与服务交易成本,增大贸易战发生概率。在逆全球化浪潮下,部分国家增加关税与进口限制,不仅会使贸易伙伴国出口部门遭受经济损失,也会增加进口产品与服务的交易成本,使国际贸易环境进一步恶化,贸易自由化与全球化进程将更加困难。2017 年 4 月 21 日,美国以国家安全为由展开了钢铁进口调查,此次调查可能对美国主要的钢铁进口来源国实行全面关税。据美国钢铁协会统计,中国对美国的钢铁出口已占到美国进口钢铁产品总量的 26%,中国是美国重要的钢铁进口来源国。美国钢铁进口限制会使中国钢铁出口企业利润受损。中国钢铁受到贸易制裁将会对世界钢铁价格造成波动,也会提高美国基建项目的生产成本,将反过来伤及美国自身经济发展,最终导致两败俱伤。二是保护主义阻碍了劳动力、技术、能源等要素的自由流通,阻碍了跨境生产分工、交换和投资,加剧了各国之间对要素的争夺与博弈。以劳动力为例,"制造业回流"等保护主义政策鼓励保护本国产业, 吸引海外投资回归本土,这可能会引发被投资国失业率上升,影响全球人力资源的配置效率。三是保护主义会冲击金融市场,加剧各国汇率波动与金融风险。近年来,主张保护主义的美国开始采取强势美元政策,美联储加息频率加快。美元加息会加大"虹吸效应",导致国际资本流动紊乱、汇率波动风险加大、融资成本增加,引发系统性金融风险,对国际金融市场造成冲击。

在阿尔山论坛上,当大家讨论到相关问题时,中国社会科学院世界经济与政治研究所研究员孙杰先生讲到,现在这样的大国博弈,涉及到更多的包含体制甚至政治文明的更为复杂的层次。从这个角度来看,我们需要更多的勇气、更大的智慧，才能化解我们目前所面临的巨大的困境和众多的风险。大家最关心的是中美两个大国之间的博弈，它会怎样进展？在一百多年前，也就是 1890 年，美国正式超过英国，成为全球第一大经济体。在经历了一战、二战以及持续的全球的各种各样的冲击后，美国不断地调整，最终成为的新一轮的全球化领袖。我们也同样需要足够的耐心、足够开放的心态和持续的久久为功的一个过程，才能实现伟大的复兴。在这个过程中，把全球化带来的一些负面要素，归纳为全球化本身的缺陷引发的躁动。这就是我们所看到的全球化的逆转，也是所谓的"灰色的犀牛"加速奔跑，以及这么多"黑天鹅事件"层出不穷的原因。这个原因并没有引发足够的反思，而大家寻求于更为简单的解决方法，这就是我们目前面临的困境。

未来中国可以做什么？首先，我们对外仍然要争取比较好的发展环境。全球主要有三大金融中心，包括北美、亚洲（包括东亚、东南亚）及欧洲。现在根据最新的 G20 峰会的宣示，RCEP（《区域全面经济伙伴关系协定》）也就是东南亚的一体化即将成型。通过中国的"一带一路"，我们跟周边的、地缘关系更加紧密的国家，以及非洲、南美洲、澳大利亚建立了更为密切的朋友圈的联系。中国为什么要做这个事情？我们不是在输出我们资本的影响力，中国有自己过去的 30 年至 40 年成功的经验，希望这些经验能够分享给周边的国家和地区，让它们能够进入到中国所带动的新一轮全球化，人们称之为"全球化 4.0"时代，能够达到共享、平等、互利。这样开放的心态是我们获取对外广阔空间的主要方向。当然，更重要的是对内的调整。中国将通过大力对国企进行系统性的深化改革，去充分释放一些要素的活力，使得我们能够度过即将到来的关键的瓶颈时段，赢得未来。

2019 第二届中国国际进口博览会现场。作为迄今为止世界上第一个以进口为主题的国家级博览会，进博会为各国商品进入中国搭建新的平台、开辟新的渠道，是国际贸易发展史上的一大创举，绘就出一幅中国与世界深度交融、互利共赢的生动图景。

截至 2019 年 4 月，中欧班列累计开行超过 11000 列，运行线路达到 65 条，通达欧洲 15 个国家的 44 个城市，累计运送货物 92 万标箱。

第三节　"一带一路"推动全球治理变革

　　在全球化处于"十字路口"的关键时刻，人们面临两种选择：一种是通过保护主义、关门主义去全球化；另一种是调整传统全球化，推进新型全球化。2016 年美国学者帕拉格·康纳在《超级版图》一书中指出，以关税减让为主要特征的传统全球化，最多能推动世界经济增长 5%，而以互联互通为主要特征的新型全球化，将推动世界经济增长 10%—15%。北京航空航天大学教授、北航战略研究中心主任王湘穗曾指出，当前逆全球化进程实质是美式全球化开始出现生命结构衰变和机能老化，而未来的新型全球化，本质上是属于全球人民的全球化，是对全球旧秩序的改造，是向多极化、多元化、多中心的过渡，并最终走向"以全球为全球、以天下为天下"的新全球化。通过比较传统全球化和新型全球化的利弊可以看出，传统的全球化陷入了发展瓶颈，其自身存在的制度缺陷已经无法应对复杂多变的国际问题，我们不应回到更为隔绝的世界，而应积极推进新型全球化发展。清华大学国情研究院院长胡鞍钢归纳总结出"新全球化"的主要内涵，即以平等为基础、以开放为导向、以合作为动力、以共享为原则，构建人类命运共同体，建设一个持久和平、普遍安全、共同繁荣、开放包容、清洁美丽的世界为目标的全球化发展新模式。国家信息中心经济预测部世界经济研究室副研究员张茉楠认为，这次逆全球化趋势的出现对于积极倡导"全球化"、主张构建"包容性"发展的中国而言，是一次难得的历史性机遇，积极发挥"一带一路"的作用将缓解逆全球化问题。"一带一路"倡议的提出为改造传统全球化，推进新型全球化提供了新思路，具有重要意义。

当前兴起的逆全球化趋势与保护主义思潮无法从根本上解决全球化负面效应，还会给世界经济带来更为沉重的挑战，打造"新型全球化"迫在眉睫。新型全球化更注重对传统全球化制度缺陷进行矫正和弥补，它以政治共商、经济合作、文化交流、创新协同和治理共享为主题，针对国际政治经济格局变化进行生产要素、资源全球化的优化配置，推动世界经济朝着更加开放、包容、普惠、平衡、共赢的方向发展。中国作为经济全球化的受益者和贡献者，积极倡导更加公平、包容、普惠的新型全球化。中国所倡导的"一带一路"合作机制与新型全球化的发展目标相契合，是中国对外开放的"升级版"，国际合作的"新平台"，是探索新型全球化的中国方案。它顺应时代潮流、适应发展规律，在共商、共建、共享原则的引领下，"一带一路"建设将成为推动全球化升级的强大引擎。

　　"一带一路"倡议有助于形成新的全球治理格局，将提高发展中国家在全球治理格局中的话语权，有利于推动国际秩序朝更加公正合理的方向发展，为全球治理变革提供新机遇。

　　当前，新兴市场国家和发展中国家对全球经济增长的贡献率已经达到80%，而全球治理体系依然由少数发达国家主导，发展中国家的"声音"与"诉求"难以得到足够的重视。中国作为最大的发展中国家，是全球经济治理的参与者和国际经济秩序的积极建设者。2017年5月14日，"一带一路"国际合作高峰论坛成功举办，中国与130多个国家和70多个国际组织共同围绕着政策沟通、设施联通、贸易畅通、资金融通、民心相通五大内容，形成了76大项、270多项重大成果。这反映出中国积极参与新型全球化"合奏"，并具备了从全球治理的参与者向领导者转变的能力，体现了"一带一路"的国际共识，彰显了"中国方案"对全球治理的重要贡献。"一带一路"倡议的实施是发展中国家加强合作，积极参与全球治理的新尝试，是对当前全球治理格局的有益补充和完善。它提倡包容性发展，有助于提高发展中国家的话语权，摆脱被动接受国际规则的局面，打破不平等的全球治理格局，推动全球治理变革。

　　"一带一路"倡议有助于构建超越传统全球化的合作平台，打造开放、包容、均衡、普惠的合作架构，推进共享型全球化，形成政治互信、经济融合、文化包容的利益共同体、责任共同体和命运共同体。传统全球化背景下的国际合作呈现碎片化、排他性，资源整合与配置效率较低。"一带一路"为沿线国家提供了一个"共商、共建、共享"的合作平台，各参与国可找到互补的经济优势，实现发展战略的对接，共享建设成果。"一带一路"倡议提出三年多来，得到了100多个国家和国际组织的响应与支持，中国与40多个国家和国际组织签署合作协议，同 30 多个国家开展机制化产能合作，进一步扩大了"一带一路""朋友圈"，有力推进沿线国家相互融通、相互促进，提高了全球化开放水平。"一带一路"建设重点打造"六廊六路"和"多国多港"计划，以点带面、以线连片地支撑起区域合作网络，有利于联通各方资源，实现国与国、内陆到沿海共同发展，使更多国家与人民共享"一带一路"成果。中巴经济走廊作为"一带一路"的旗舰项目，打造以瓜达尔港、能源、交通基础设施和产业合作为重点的"1 + 4"经济合作布局，推动中国内陆港与瓜达尔港互动，有利于形成南亚地区互联互通、联动发展、合作共赢的局面。

瓜达尔港建有 3 个 2 万吨级多用途泊位，后方堆场达 14 万平米，巴基斯坦西海岸的渔产品可通过瓜达尔港运送至中国、中东等国家和地区。

一带一路经济走廊及其途径城市分布地势图

图 例

○ "一带一路"节点城市

—— 丝绸之路经济带

—— 21世纪海上丝绸之路

⌒ 河流、湖泊

1:100 000 000

0　　　1000　　2000 (km)

北

大

西

洋

印

度

圣彼得堡

中蒙俄经

新亚欧大陆桥

莫斯科

柏林　华沙

伦敦　卢森堡　法兰克福　布列斯特

巴黎

里斯本

伊斯坦布尔　安卡拉

中国—中亚—西亚经济走廊

比雷埃夫斯

德黑兰

阿拉

塔什干　奥什

杜尚别

亚历山大

阿巴斯港

瓜达尔

中巴经济走

新德里

利雅得　多哈　迪拜

苏丹港　吉达

孟买

吉布提港

科伦

内罗毕

高程/（m）

>6000　6000　5000　4000　3000　2000　1000　5

洋

伊尔库茨克

布拉戈维申斯克
（海兰泡）

乌兰巴托

哈巴罗夫斯克
（伯力）

符拉迪沃斯托克
（海参崴）

北京

釜山

西安
新亚欧大陆桥

上海

福州

太　平　洋

昆明

河内 南宁

曼德勒

万象

曼谷

中南半岛经济走廊

吉隆坡

关丹

新加坡

雅加达

达尔文

悉尼

-200　　-1000　　-2000　　-3000　　-4000　　-5000　　-6000　　-7000　　<-7000

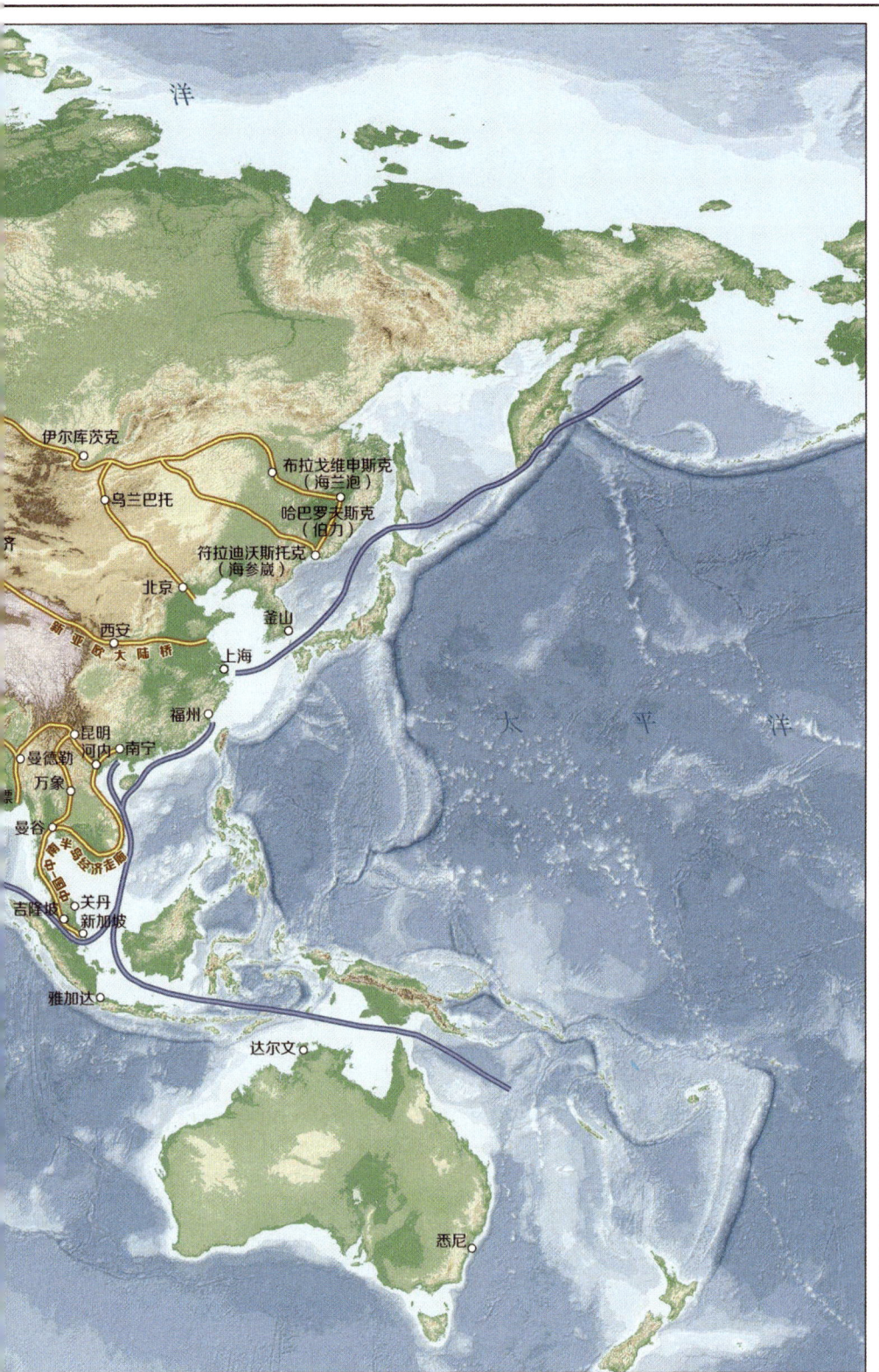

国家测绘地理信息局　监制

　　"一带一路"倡议有助于为新型全球化提供基础设施"硬件"保障。沿线国家基础设施建设滞后，而中国产能充足，基建装备与技术优势明显，倡议为沿线国家基础设施建设和中国海外投资创造新机遇，打造互联互通网络。

　　习近平主席讲："道路通，百业兴。"基础设施建设是深化区域合作的"硬件"保障，是各类经济要素相互流通的基础。"一带一路"基础设施建设为国际合作搭建了桥梁，有利于为全球化发展提供互联互通的"硬件"网络，促进经济要素自由流动，深化市场融合。当前"一带一路"沿线国家基础设施普遍比较落后，投入资金严重不足，呈现出巨大的投资需求和市场空间。根据中国人民银行金融研究所测算，2016－2020年"一带一路"地区的基建投资规模年均投资额在1.1万亿至1.3万亿美元之间，中国资本相对充裕，公路、高铁、航空、核电、信息通讯等领域技术先进，成本低廉，更在各类基础设施建设行业拥有一批优秀的企业，有较高的国际竞争力。据2015年美国《工程新闻纪录》统计，共有65家中国企业入围全球最大250家国际承包商，其中世界前四大工程承包商由中国包揽。"一带一路"倡议以基础设施建设为重点，利用中国优势产能和先进的装备技术帮助沿线国家在道路、电力、通讯等领域加强建设，有利于推动沿线国家工业化与城镇化进程。

　　"一带一路"倡议有助于应对保护主义给自由贸易带来的挑战，为沿线国家对冲保护主义带来的外需下降、交易壁垒增多提供了新的经贸平台，有利于推动全球自由贸易和投资发展，为区域经贸合作提供新机遇。

　　"一带一路"连接着人口众多、市场潜力巨大的亚太经济圈和经济发达的欧洲经济圈，拥有巨大的市场规模和贸易投资潜力。2015年，"一带一路"国家名义GDP共计23

万亿美元，占全球 GDP 的 30%，人口占全球人口的 62%。"一带一路"沿线各国是国际贸易重要的参与主体，据《"一带一路" 贸易合作大数据报告（2017）》统计， 2016 年"一带一路"沿线贸易总额占全球贸易总额的 21.7%。在世界贸易萎缩的背景下， "一带一路"沿线国家贸易年均增速高于全球平均水平近一倍。

"一带一路"倡议实施三年多来，中国同"一带一路"沿线国家贸易总额超过 3 万亿美元，占同期中国对外贸易总额的四分之一，增速超过中国对外贸易的总体增速，投资累计超过 500 亿美元。

2016 年中国对"一带一路"沿线国家出口额占到中国总出口额的 27.8%，并有逐年递增的趋势，远超中国与美国、欧洲等主要发达国家的出口贸易比重， 沿线国家已成为中国最主要的贸易伙伴之一。中国与沿线国家加强贸易合作，共同构建自由贸易合作区，有利于激发沿线各国的投资潜力，为全球贸易提供新增长点，为区域内各个国家自由贸易提供一个和谐稳定、互利共赢的环境，有利于对冲保护主义带来的消极影响。

"一带一路"倡议有助于跨国投资和跨国产业链发展，为产业的跨国转移、 跨国产业链的优化升级提供了重要机会，有利于优化产业空间布局，缩小区域经济差距，推动全球化的均衡发展。"一带一路"倡议涉及中亚、东南亚、南亚、西亚、欧洲等多个区域，各国产业发展水平差异较大，涵盖了工业化进程的各个阶段。"一带一路"倡议为处于不同工业化阶段的国家在国际产业转移中定位了不同角色，有利于形成以"互补合作"为主导的产能合作"新雁阵"模式。沿线国家根据自身资源禀赋与产业结构差异将成熟产业依次向下一梯度的国家转移，既能充分利用沿线要素资源，又有利于推进产业升级和工业化水平提升，实

位于成都高新自贸试验区的"中国—欧洲中心"，是目前国内唯一的对
欧综合合作交往平台，其定位为"一带一路"对外开放的新旗舰、中国
西部对外交往中心建设的新窗口、成都市对欧全面合作的新平台。

现区域内的优势互补，缩小各国发展差距。从跨国产业链角度来
看，沿线国家可以在产业链上中下游找到自己的位置，并结合自
身优势参与国际分工，促进本国经济发展的同时，也拉动了跨国
投资与贸易增长，为世界经济发展做出积极贡献，有利于缓和全
球化发展不平衡的问题，推动全球经济均衡发展。

　　"一带一路"倡议有助于深化国际能源合作，沿线分布
着全球重要的能源生产国和能源消费国，沿线国家加强能源
合作有利于改进国际能源秩序与能源格局，倡议为打造沿线
能源经济合作圈提供新机遇。能源合作对各国经济社会发展
至关重要，而保护主义严重阻碍了资源的跨区域流动。"一

带一路"沿线 60 多个国家都与能源密切相关，大致可划分为三类：能源生产国、能源消费国和能源通道国。"一带一路"能源合作打造稳定、高效与安全的能源通道与储备机制，有利于拓宽能源进口来源渠道，打造多样化的运输路线布局，构建利益共享、安全稳定的能源战略合作关系。同时，"一带一路"能源合作将沿线国家的资源禀赋与需求市场建立联系，发挥沿线国家的互补优势，符合各国能源战略目标，有利于帮助各国摆脱对发达国家主导的国际能源体系的依赖，构建国际能源新秩序新格局。目前，中国企业在"一带一路"沿线 20 多个国家建设了 60 多个能源项目、油气合作项目。中国四大油气通道初步建成，其中，中缅油气管道是能源合作的标杆项目，管道设计输送能力为 2200 万吨 / 年，天然气管道输气能力为 120 亿立方米 / 年， 有助于减轻东亚各国对马六甲海峡的依赖，保障区域能源安全，对沿线国家经济社会发展也起到积极作用。

　　"一带一路"倡议有助于创新驱动发展，为沿线各国开展科技合作、培育创新型人才提供机遇，有利于促进技术转移和成果转化，推动科技创新与产业升级， 打造创新共同体进而提高新型全球化发展的层次与高度科技发展与扩散是世界增长的主要力量，也是全球化的重要驱动力。作为"一带一路"建设中推进科技创新合作的重要力量，中国积极实施创新驱动发展战略，推动经济社会转型升级。据中国科技部统计，2016 年，中国研发投入超过 1.5 万亿元，居全球第二位，科技进步贡献率从 2010 年的 50.9% 增至 56.2%。《2016年全球创新指数报告》显示， 中国位列世界最具创新力经济体第 25 位，比上年提升 4 位。中国积极对接沿线国家创新发展需求，推动各类创新资源有效融合，将为"一带一路"建设打造区域创新高地与发展引擎。"一带一路"科技合作形成了较为稳定的政府间科技创新合作关系，搭建了科研合作、技术转移与资源共享平台，有利于引导先进技术向沿线国家转移，促进区域产业的优化升级。

"一带一路"倡议将科技与经贸市场融合，开展务实的项目合作，有利于增强科技成果转化能力，培育新产业新业态新模式，创造新的就业机会，为促进世界经济增添新动力。"一带一路"倡议有利于加强沿线各国的科技交流，共同培养多层次科技创新型人才，为国际合作打造创新共同体，推动新型全球化向更高层次发展。

"一带一路"倡议有助于优化全球金融治理，将为全球金融治理提供大量公共产品，提升人民币国际化地位，进而促进全球金融稳定。金融全球化是经济全球化的重要组成部分，当前，全球金融市场面临的风险在上升，亟需增强抗风险能力。中国作为全球金融市场中的重要一员，积极参与国际金融治理规则重构，不断完善"一带一路"金融服务体系，现已建立了亚洲基础设施投资银行、金砖国家开发银行和"丝路基金"等金融合作载体，为全球金融治理输送了大量公共产品。未来中国还将向丝路基金新增资金 1000 亿元人民币，鼓励金融机构开展近 3000 亿元人民币的海外基金业务，为"一带一路"项目供应资金支持。人民币被沿线国家广泛使用，既改善了"一带一路"的投融资环境，有效降低了交易成本，又增加了被投资国家对人民币需求的黏性，提高人民币金融服务和国际化经营水平。截至 2016 年年底，中国与"一带一路"沿线 22 个国家和地区签署了本币互换协议，总额达 9822 亿元人民币。随着"一带一路"金融体系不断健全，人民币国际化进程加快，"一带一路"沿线国家间的金融合作将更加深入，这有助于完善国际金融体系和全球金融治理机制，缓解强势美元的冲击，增强全球金融市场的稳定性。

亚洲基础设施投资银行，简称亚投行，是一个政府间性质的亚洲区域多边开发机构，是首个由中国倡议设立的多边金融机构，总部设在北京。

2019 年 11 月 5-10 日，第二届进博会在上海成功举办，国际社会参与热情高涨。图为本届进博会的俄罗斯馆。

第四节　东北亚地区的新机遇

中国国家主席习近平提出"一带一路"倡议，越来越引起世界范围的瞩目。在阿尔山论坛上，关于"一带一路"带给中国与东北亚地区的机遇问题，复旦大学"一带一路"与全球治理研究院常务副院长黄仁伟先生做了深入的分析。他讲到，"一带一路"是中国倡议的一个世界范围的巨大工程。2013 年，习近平主席分别在哈萨克斯坦和印度尼西亚提出"一带"和"一路"的倡议。在 2019 年初第二届"一带一路"高峰论坛上，习近平主席提出了一个更新的概念，从"一带一路"倡议到"共建一带一路"。这个"共建"是一带一路的一个关键词——不是中国一家的"一带一路"，是全世界共同的"一带一路"，是中国的创意，但是它属于全世界。

所以，"中国创意、世界共享"，这是新的"一带一路"的阶段特征。尽管世界各国对"一带一路"还有许多误判或者误解，"一带一路"仍在迅速地发展，它在很大程度上已经成为 160 个国家的共同行动。关于"一带一路"的空间范围一直在变动之中。最初"一带一路"的范围限定于欧亚大陆，最近 2 年逐步把非洲大陆和拉丁美洲也包括进来，这样"一带一路"的地理空间就达到了全球范围。

尽管如此，"一带一路"国际合作的重点区域始终是中国的周边地区，该地区是中国周边命运共同体的主要载体。中国周边地区可以大致分为 4 大板块：东南亚、南亚、中亚和东北亚。其中东南亚具有海上丝绸之路与丝绸之路经济带之交集、印度洋和太平洋之连接的枢纽地位，其地缘区位优势和市场潜力优势都非常明显。南亚地区兼有中巴经济走廊和孟中印缅经济走廊的两大通道建设，并有瓜达尔港、皎漂港、吉大港、科伦坡港等海上支点港，加上约 18 亿人口的巨大市场，无疑成为"一带一路"最重要的发展区域之一。中亚地区是丝绸之路经济带的核心区域，欧亚大陆桥的三大通道几乎都与中亚地区连接，上海合作组织合作机制的扩大和深化都依赖于中亚五国与中俄两国的密切配合。在这些地区板块的相关研究中，都或多或少、有意无意地忽视了东北亚地域板块，似乎这个地区在"一带一路"国际合作平台中无足轻重。

在过去数年中，东北亚难以成为"一带一路"的重点区域，主要原因在于朝鲜半岛一直处于东北亚地缘政治冲突的焦点。朝鲜半岛是冷战时期遗留下来的东西方对抗的最后残存部分，半岛南北两方还始终保留着冷战时期的各种制度性障碍和意识形态对抗，基础设施连接基本上不存在。朝鲜核问题的前景不明确，危机几度发展到了战争边缘，朝鲜半岛的安全前景具有很大的不确定性。这种不确定性给整个"一带一路"在东北亚的前景带来严重的负面影响，特别是国际资本投向这个地区的流量很小。因此，朝鲜半岛的安全形势就成为东北亚地区经济增长的主要瓶颈甚至障碍。2018 年初，朝鲜半岛安全形势出现重大变化，朝鲜去核问题的解决有了转机，半岛南北双方关系明显缓和，美国对朝鲜的军事打击危险大幅度减小。这一系列重大变化，引起国际战略界对东北亚地区安全走向的重新思考，大量以往作为战略判断的重要条件发生转变，和平与战争的总体平衡出现逆转。可以明确地说，在东北亚地区推进"一带一路"合作出现了重大转机，东北亚地区经济合作机制迎来了前所未有的战略机遇。

这个战略机遇的核心条件就是朝鲜半岛出现和平与发展的历史性转变。尽管这个转变还有许多不确定性，但是已经显示出前所未有的正面变化可能性。这种可能性来自三个主要方面，一是朝鲜弃核并采取以经济发展为主的政策可能性；二是朝韩双方迅速接近并且实现经济连接特别是基础设施连接的可能性；三是朝美之间发生战争的概率大幅下降并走向关系正常化的可能性。上述三种可能性中，与本文相关性最大的是第二种变化的可能性；但是它需要第一种和第三种可能性作为必要条件，这种可能性才能转变为必然性和现实性。

2018 年 1 月 1 日，朝鲜最高领导人金正恩宣布朝鲜完成"核武力建设"，预告朝鲜进入弃核政策阶段。由此半岛出现和平转机，美朝迅速接近，朝韩关系全面缓和，半岛发生战争的危险显著下降。朝鲜去核过程的时间可能还比较长，但是去核的目标和方向已经明确。三八线两边的南北双方正在讨论的不只是和平协议，还有出现持久经济合作的可能性。这种合作包括贸易、投资和产业链接，其中特别关键的一个方面就是基础设施联通。朝韩双方已经在公开官方文件上明确了这个目标，将在较短时间内实现跨越三八线的铁路、公路交通连接。这将是近 70 年来朝鲜半岛战争状态走向终结

鸭绿江现为中国和朝鲜之间的界河，江上连接中国与朝鲜的大桥共有5座。

的关键一步，而且将是整个东北亚地区冷战局面最终结束的象征。

　　朝鲜正在向着以经济建设为中心的方向行进。2018年4月，朝鲜劳动党召开第七届三中全会，宣布朝鲜的国策调整为"全力发展经济"，加快朝鲜经济发展、改善朝鲜人民的生活质量、进而改善朝鲜的国际形象，成为朝鲜党和国家的核心任务。在发展经济的同时，朝鲜领导人认识到，长期脱离世界经济对朝鲜十分不利，只有走开放路线才是生存之道。这条开放路线包括向北同中国的"一带一路"倡议相结合，向南连接与韩国的基础设施通道。向北开放比向南开放更具有政治上的安全性和稳定性，这就为朝鲜半岛经济走廊与"一

首尔街头的巨幅海报，支持韩朝两国共同申奥。

带一路"的连接提供了战略上的可行性。

　　几乎与朝鲜调整其经济政策同时，韩国提出把朝鲜经济开放与"一带一路"相结合的"新北方政策"。2018 年 4 月韩国发布《"新北方政策""新南方政策"与中国"一带一路"的战略对接》的政策报告，完整详尽地阐述了韩国文在寅政府推进"东北亚责任共同体"和"朝鲜半岛新经济地图"、最终实现朝韩市场统一的构想。由于韩方"朝鲜半岛新经济地图"与朝鲜政府制定的"国家经济开发 10 年战略计划"内容大体一致，朝韩经过协商迅速将它们付诸实施。"新北方政策"的核心就是通过连接韩朝的基础设施系统，延伸到欧亚国家的交通、物流及能源等基础设施网络，创造韩国经济增长的新动力，追求共同繁荣，实现朝鲜半岛乃至东北亚的和平稳定。这项政策的宗旨就是"支持朝鲜改革开放和融入国际社会，预防和克服新冷战时代的矛盾"，具有很强烈的现实针对性和战略前瞻性。其战略规划的主要内容即"九桥战略"(9-Bridges)：天然气、铁路、港湾、北极航线、造船、工业园区、农业、水产等 9 大领域的连接，实现与东北亚中蒙俄走廊的对接，进而通过"一带一路"进入欧亚经济圈的 3 大板块，从俄罗斯远东、中国东北，进入蒙古和中亚，到达俄罗斯西部、乌克兰和白俄罗斯。同时，韩国还将通过亚投行 (AIIB)、中韩自贸协定 (FTA) 同中国实现紧密的战略协作伙伴关系。可以说，韩国带动朝鲜全面参与"一带一路"的战略规划脱颖而出、跃然纸上。

朝韩两国最高决策层做出如此鲜明而一致的战略规划，可以说是史无前例。这不仅将大大加速朝鲜半岛的和平进程，为南北统一奠定持久的经济基础；而且将实质性地推进东北亚地区合作机制，为形成高水平的东北亚经济圈提供必要条件；并且为"一带一路"倡议的东北亚板块全面推进创造了战略机遇，是中朝韩达成基础设施一体化的制度保证。由于这项规划具有很详尽的具体措施，朝韩双方进入实施操作阶段的速度之快也是罕见的。

进入 2018 年 11 月以来，朝韩双方在基础设施连接方面迈出实质性步骤并不断加速，朝鲜半岛形成基础设施网络，并且与东北亚的"一带一路"平台相结合，表明上述可能性正在转变为现实性。11 月 8 日，韩国统一部向韩国国会明确提出韩朝铁路对接和公路建设计划。主要对接线路为京义线 430 公里 (开城至新义州)、东海线 800 公里 (金刚山至罗津—先锋区段)。尚未确定铁路对接升级项目是采用单线还是复线以及列车运行速度等问题。在公路方面，先启动开城至平壤、金刚山至元山段工程，同时修建新的东海岸公路。这是南北交通基础设施大规模通道连接的明确方案，其重大意义绝不能低估。由于新义州和罗津—先锋港是朝鲜与中国东北地区铁路网连接的枢纽，因此这个朝鲜半岛的南北对接方案实际上也是中朝韩三国基础设施的连接方案。

　　随之，该项计划迅速进入实施阶段，并且从道路建设延伸到航空、通讯和海口等领域的开放。2018 年 11 月 5 日，朝韩两方启动汉江和临津江入海口的联合考察，这也是 1953 年停战以来的首次联合考察。双方划设的公用水域面积为 280 平方公里，2019 年 4 月将对民用船只开放。11 月 12 日，朝韩公路联合考察团举行第 2 次会议，就公路连接和现代化等议题进行讨论。尽管这次会议未能就东海岸公路联合考察等问题达成具体协议，双方对接计划付诸实施的意愿仍十分明确。11 月 22 日，朝韩非军事区江原道铁原郡箭头高地的战术道路实现联通，并开展扫雷和挖掘遗骸工作。这是 1953 年停战协定以来首次在半岛正中央连接南北的道路开通。继南北铁路合作之后，在朝方提议下，朝韩双方于 11 月 16 日在开城举行航空领域合作会议，双方就开设朝韩直航航线展开讨论，基础设施对接由陆上提升到空中。11 月 23 日，朝韩联络办公室在开城举行会谈，重点讨论板门店边境直通电话线缆由铜芯电缆升级为光纤电缆的问题，通讯基础设施的对接升级计划由此提上日程。韩方还就此与美方开展紧密协商。11 月 21 日，在韩美涉朝工作组第一次会议上，美方表明了强烈支持朝韩铁路对接及升级改造项目的立场。至 2018 年 11 月底，朝韩基础设施对接升级计划由概念到具体实施的转变基本完成。可以预期在 2019 年以后几年里，朝鲜将出现大规模基础设施改造和建设的高潮。

　　从国内环境与资源来看，朝鲜发展经济需要得到中国的支持。其一，朝鲜重工业、轻工业、化学工业、能源电力工业水平较低，有着非常巨大的需求，需要完整的工业链条，其需求水平与中国产能合作结构相当吻合。其二，朝鲜矿产、渔业资源丰富，农业生产水平较低，第一产业有很大的发展

共建跨越非军事区的铁路走廊，鼓励朝韩签订长期经贸合作协定，来构建丝绸之路经济带的东北亚走廊。降低朝鲜半岛的战争风险与推动朝鲜改革开放，是确保东北亚地区和平发展的双轮驱动，可以带动半岛地区其他问题的和平解决。从战略上既可以保证朝鲜避免战争威胁和经济制裁，又可以确保朝鲜纳入东北亚合作机制和"一带一路"基础设施网络。如果这个转变到来，朝鲜的核问题也会得到比较稳妥的解决。朝鲜经济越发展，其核武器计划的重要性就越下降。如果用美韩同盟以大规模演习来逼迫朝鲜弃核，事实证明是行不通的。用经济发展来换朝鲜放弃核武器则是对各方都有利的选择。

朝鲜的这个重大战略转变，为整个东北亚地区经济带来新的强大动力。一旦实现这一关键性突破，东北亚地区的基础设施网络系统就全盘皆活。借助朝鲜半岛与东北亚连接的大走廊建设，韩国和日本都可以进入"一带一路"的大网络，大大缩短进入欧洲、中东、俄罗斯和中亚等地区市场的时间和距离，大幅度降低流通成本，提高其国际市场竞争力。由此，日本和韩国在东北亚地区将获得新的投资空间，这个巨大空间包括朝鲜、中国东北地区、蒙古、俄罗斯远东地区。其面积之大、资源之丰富在世界上都是屈指可数的。目前，日、韩企业已经开始制定东北亚产业链的投资和物流战略，他们希望朝鲜半岛的和平局面越持久越好，半岛与东北亚连接的通道走廊建成越早越好。安全格局转变和市场格局形成，互为条件互为支撑，这将是东北亚地缘政治和地缘经济的历史性结合。

东北亚地区经济一体化的另一个重要机遇，就是俄罗斯远东地区的对外开放并成为新的经济增长点。2018年9月在符拉迪沃斯托克（海参崴）召开的第四届东方论坛上，普京总统与习近平主席签署《中俄在俄罗斯远东地区合作发展规划(2018 ～ 2024年)》，中俄总理第23次定期会晤期间正式批

2017 年 9 月，第二届中蒙博览会在呼和浩特开幕，来自 20 多个国家的 1500 多家企业参加了展览展示。

准该项规划。该项文件在序言中明确表达："鉴于远东开发已确定为俄罗斯 21 世纪的优先发展方向，双方认为，在俄罗斯远东地区发展经济贸易和投资合作是双边关系中的重要方向。作为俄罗斯远东地区最大的贸易和投资伙伴国，中国是俄罗斯加快远东地区经济发展的关键合作对象。"在这个战略框架之下，俄罗斯远东开发开放和中国的"一带一路"倡议就找到了紧密的结合点，通过大规模基础设施建设，实现跨越式发展。俄罗斯远东地区幅员辽阔，资源丰富，发展的瓶颈问题就是基础设施网络的陈旧落后。俄罗斯远东地区长期以来依靠西伯利亚大铁路与外部联系，其他通道一直无法打开。中俄远东发展规划的重点就是基础设施领域的大规模引资和投入建设，在此基础上，开发能源矿藏和农林水产，并且提升航空和造船等重型制造业。特别是 2019 年建成黑龙江跨国界的同江和黑河两座跨江大桥，把黑龙江流域的中俄两岸紧密结合起来，改变了只有满洲里和绥芬河的两端口岸的现状，实现整个黑龙江流域的网状联通，使俄罗斯的农产品、林产品、矿产品、水产品可以大量出口东北亚各国乃至世界其他市场。

中俄合作开发"两岛"是远东地区的两个亮点，即在黑龙江和乌苏里江交汇处的黑瞎子岛和符拉迪沃斯托克临近的大俄罗斯岛。规划中把黑瞎子岛定位为"吸引世界各地游客的旅游特区"，中俄两方基础设施实现各自建设、全面对接。而大俄罗斯岛则是定位为亚太地区的国际科学教育技术中心，建设远东联邦大学，吸引中国高科技公司在该岛落户。俄罗斯还同意开辟图们江口与中国吉林省的通道连接，与朝鲜的罗津—先锋港、俄罗斯的符拉迪沃斯托克港，形成三足鼎立的日本海西岸港口群。从中长期看，这些港口群与中国东北地区的中心城市哈尔滨、长春连接，形成"滨海一号"和"滨海二号"两条大通道，吸引中、韩、日巨额资金流入，由此形成东北亚新兴产业集群的产业带。

在朝鲜半岛和俄罗斯远东两大板块的推动下，原有的中蒙俄走廊将出现加速度发展的态势。中国和蒙古的基础设施合作将有重大突破。中国海拉尔到蒙古乔巴山的铁路线加快建设，不仅采用中国轨距，而且将横贯蒙古的东西两端，形成与西伯利亚大铁路并行的东西大通道。这不仅将改变蒙古国内铁路系统只有南北纵向通道的布局，而且可以通过建设蒙古的东西横向通道，实现中国东北和新疆直接连接，成为欧亚大陆桥的最快捷径。

在上述新条件出现的东北亚地缘环境中，日本参与"一带一路"合作平台的时机趋于成熟。2018 年 10 月，日本首相安倍晋三访问中国，中日达成第三方基础设施合作的意向。所谓"第三方基础设施合作"，就是"一带一路"合作的另一种表述。东北亚中蒙俄走廊和朝鲜半岛走廊的连接，对日本同样是极好的市场机遇。打开这条大通道，日本与欧洲市场的运输距离大大缩短，时间成本可以节省 3 /5。 日本的物流业大企业在 2 年前就详细制定了参与陆上丝绸之路的规划，并且提出日中欧"海陆联运"的技术方案，只是苦于中日之间的政治障碍而无法实现。最近中日高层改善双边关系的努力，俄罗斯对日本参与开发俄罗斯远东地区敞开大门，朝鲜经济变革对日本投资的吸引力，为日本企业参与东北亚"一带一路"提供有利环境。随着日本加入，东北亚基础设施投资以及产业链形成的高潮将随即出现。

至此，东北亚区域合作机制的轮廓已经显现，以中日韩自贸协定为核心、形成新的六方合作机制的雏形。进入 2018 年以来，中日韩三国领导人都表达了加速完成三国自贸协定的意愿。如果实现这个目标，三国的 GDP 和贸易额总量都将达到世界的20%、亚洲的 70% 以上，超过欧盟、北美，成为世界上最大的贸易集团和经济体。尤其是中国市场的巨大潜力，使日本和韩国无法坐等欧盟、美国企业前来抢占。当前中美贸易摩擦持续、欧盟内部分化加剧，对于日韩却是深入中国市场发展的极好机遇。例如，无人驾驶汽车和新能源汽车的中国市场份额，将决定今后世界汽车市场格局的走向。其他新技术新产业的盛衰同样如此。中韩自贸协定在 2015 年 6 月 1 日已经生效，两国关税税率不断下降，双边贸易额一路飙升。日本必须加快中日自贸协定的谈判和签署，才能跟上整个东北亚区域经济融合的步伐。中日韩三国自贸协定一旦完成，朝鲜、俄罗斯远东地区、蒙古加入其中也是顺理成章的事情。这样，一个新的东北亚六方合作机制就应运而生。新的六方合作机制和"一带一路"东北亚板块几乎完全重叠，二者互为表里、互为支撑，在一个保护主义、单边主义喧嚣尘上的逆全球化潮流中，将成为独树一帜的中流砥柱。

在东北亚经济合作出现一系列转机的背景下，中国东北振兴计划必然会有一个大发展。无论是基础设施网络还是产业链布局，中国东北都是东北亚的核心区。东北亚和平发展的地缘环境一旦形成，中国东北的开放局面就进入一个新阶段。同样，中国东北的经济结构调整基本到位，决定了东北亚整体经济和贸易的发展空间和能量集聚。无论是沈阳、长春、哈尔滨、大连等中心城市，还是满洲里、黑河、绥芬河、珲春、丹东等边境口岸城市，都将在这一轮东北亚地区经济大整合过程中获得空前的历史机遇。国际资本和技术正在寻求世界上最有潜力的投资场所，东北亚就是条件最完备的世界经济增长点。中国东北作为这个地区的核心区，所获得的开放红利是多重、多领域、多方向的。

东北亚"一带一路"平台和区域经济合作机制可能遇到的障碍，关乎美国是否会扮演一个消极的角色。美国既不愿意看到朝韩双方迅速接近并且半岛出现长期和平的前景，也不愿意看到中日韩达成三国自贸协定进而形成东北亚六方经济合作机制，更不愿意看到中国的"一带一路"倡议被东北亚各国接受而成为潜力最大的基础设施网络。美国所担心的是这些前景成真意味着它在这个地区的主导地位下降，美国的盟国体系失去存在的理由，美国在东北亚的市场竞争力难以与中日韩抗衡。这就打破了美国以"印太战略"重构亚洲地缘政治和地缘经济格局的战略意图。当美国在"一带一路"的南线设置海上阻隔时，"一带一路"的西线和北线却出现它所不愿看到的另一种局面。尤其是北线，涉及到美国最主要的两个亚洲盟国（日、韩）、两个战略对手国（中、俄）和一个打击对象国（朝鲜），战略要素如此集中的地缘政治板块居然出现与美国战略目标背离的方向移动，所产生的骨牌效应可想而知。因此，东北亚国家不能不对美国可能采取的阻碍、挑衅、冒险以致对抗的种种危险保持警惕。当然，我们更欢迎美国加入和参与东北亚区域经济和"一带一路"合作平台，这也意味着美国不得不放弃单边主义、保护主义和新冷战的战略意图。另一类的战略机遇就此得以形成。

第三章
校长论坛：在"一带一路"上推动文化共识

在"一带一路"建设的大布局下，推动沿线各国高等教育区域合作与发展，构建"一带一路"高等教育共同体，是深化沿线国家、民族、文化间的理解与认同，提升沿线国家高等教育一体化、国际化水平的必然选择。

第一节　"一带一路"上的高等教育合作

习总书记多次指出，"教育应该顺应建设人类共同体的大趋势，通过更加密切的互动交流，促进对人类各种知识和文化的认知，对各民族现实奋斗和未来愿景的体认，以促进各国学生增进相互了解、树立世界眼光、激发创新灵感，确立为人类和平与发展贡献智慧和力量的远大志向。"同时，中国发展高等教育国际化，应当符合我国独特的历史、文化、国情，走自己的高等教育发展道路，扎实办好中国特色社会主义高校。习总书记通过一系列重要讲话，指出我国高等教育发展方向要同我国发展的现实目标和未来方向紧密联系在一起，为人民服务，为中国共产党治国理政服务，为巩固和发展中国特色社会主义制度服务，为改革开放和社会主义现代化建设服务。这些为高等教育国际化发展确立了方向和基本路径。

"一带一路"倡议作为一项放眼未来、互利共赢、谋划精细的系统工程，在经济、政治、教育文化等多个领域已经硕果累累。"一带一路"沿线国家与我国的经济合作、政治互信在持续稳步增强，这为双边和多边教育交流提供了坚实的基础和稳健的保障。中国经济发展持续稳定向好，庞大的经济体量和世界最大的消费市场极大吸引着"一带一路"沿线国家的目光。许多国家都将中国作为主要经济合作伙伴和产品市场，希望搭上中国发展的顺风车，共享中国快速崛起的红利。党和国家领导人高瞻远瞩，主动积极和"一带一路"沿线国家加强互访，通过建立升级伙伴关系等多种方式，营造推动"一带一路"倡议落到实处的优质政治氛围。在此环境下，"一带一路"沿线国家有着了解中国、培养大批中国通的迫切需求，这为我国高等教育国际化提供了全新的视角和契机。

武汉大学第十二届珞珈金秋国际文化节开幕，来自各国的留学生表演了精彩节目，还有名目繁多的美食和各国传统服饰秀。

2016 年 7 月，教育部印发了《推进共建"一带一路"教育行动》，作为《关于做好新时期教育对外开放工作的若干意见》的配套文件和《推动共建丝绸之路经济带和 21 世纪海上丝绸之路的愿景与行动》在教育领域的落实方案，提出要推动"教育互联互通""人才培养培训""丝路合作机制"三方面的重点合作与共建，以此为框架对接沿线各国意愿，互鉴先进教育经验，共享优质教育资源，协力构建"一带一路"教育共同体。而高等教育具有密集生产知识和集中培养高层次人才的属性，打造高等教育共同体，通过沿线各国高等教育区域合作与发展获得丰富的发展资源和空间，推动教育、信息、技术、文化等方面的合作交流，已成为全球化背景下高等教育必须重视的行动策略，也将为"一带一路"建设的推进提供重要的智力支撑。

"一带一路"高等教育共同体是基于"共同体"以及高等教育的特定内涵和要求而逐步形成的社会组织。在此基础

高等教育区域合作以政治上的互通互信和经济上的互补互存为前提，同时也离不开意识形态的支持和文化诠释赋予的合法性。

上，沿线国家之间，围绕培养"一带一路"建设所需高等教育人才的发展目标，通过签署协议、建立机制、搭建平台、共享资源、协调关系，达成改革发展共识，推动区域高等教育交流与合作，聚力构建具有"一带一路"维度的高等教育体系，提高作为"一带一路"意识承载者的大学在发展"一带一路"文化价值的中心作用，这些都促成了"一带一路"高等教育共同体的形成。"一带一路"高等教育共同体作为一个政治利益联盟，是深化中国与"一带一路"沿线国家关系的有效载体，也是构建人类命运共同体的应有之义，虽然联盟成员之间拥有不同的自然地理和社会文化空间，但共同的发展利益和价值认同让彼此走到了一起，寻求"共通理念、共享资源、共建平台"上的突破，整合多元文化背景下的教育环境，构建"文化相融、和而不同"的高等教育合作联盟。
共同体的建设过程强调各国文化的包容性、愿景的同一性、
利益的一致性、行动的规约性以及资源的共享性，而不是对
自身利益的"契约式"维护。

　　"一带一路"高等教育共同体不是要替代现有的合作机制
和倡议，而是要在已有基础上，在承认高等教育差异的前提下，
推动沿线国家高等教育领域的合作对接、优势互补，共同培养
熟悉沿线各国政治经济文化的高等教育人才，为"一带一路"
沿线国家的经济社会发展提供智力依托，这也是沿线国家应对
政治经济合作的必然逻辑延伸。作为以区域高等教育协同合作
为形式的社会组织，国际上也有很多类似的合作机制，如欧洲
高等教育区（EHEA）、美国大学联合会（AAU）、澳大利亚
八校联盟（Go8）、非洲高等教育研究空间（AHERS）、亚
洲大学校长论坛（AUPF）、东南亚高校联合会（ASAIHL）、
东南亚教育部长组织（SEAMEO）、东盟大学联盟（AUN）、
中国— 东盟教育交流周（CAECW）等，而国内在此方面也
有过许多有益的探索与尝试。

　　"一带一路"沿线国家有着强烈的丝路情结和悠久的贸易
关系。古丝绸之路推动了东西方的沟通与交流，也将"和平合
作、开放包容、互学互鉴、互利共赢"的"丝路符号"和"丝
路精神"深植于后来人的心底。几年来，"一带一路"建设取
得了丰硕成果。据商务部统计数据显示，2018 年 1 月至 5 月，
我国企业对"一带一路"沿线 54 个国家的投资合计达 59.3 亿
美元，同比增长 8.2%，可见我国流向沿线国家的投资在稳步
增加，未来我国与沿线国家投资合作还将持续加强，有了强有
力的政治与经济保障，高等教育区域合作的发展空间必将得到
进一步拓展，这为"一带一路"高等教育共同体建设提供了坚
实的物质基础。

文化作为国家外交政策的"第四方面",也是教育的重要内容和环境。高等教育区域合作以政治上的互通互信和经济上的互补互存为前提,同时也离不开意识形态的支持和文化诠释赋予的合法性,而"一带一路"高等教育共同体的内部身份和价值认同离不开文化意义上共同价值的确立。

历史多次证明,国家之间、地区之间、民族之间某种关系的缔结,如果没有文化和教育的及时跟进,就会显得既不稳定,亦难长久。"一带一路"建设横跨亚欧非,虽然涉及文明、语言众多,沿线各国对"一带一路"建设的期待和对中国文化的理解也不尽相同,但中国与其有着漫长的交往历史以及跨文化学习、研究传统,文化间的交流融合更是古"丝绸之路"的重要特征。如今的"一带一路"倡议承载着共同的历史记忆,历经时空演变,不仅包含了文化元素以及生态元素,还包含了地区间非物质元素的融合与碰撞。中国与"一带一路"沿线国家存在固有的文化差异,但也具有互通的共性,具备多元文化背景下包容共生的条件,这为"一带一路"高等教育共同体建设提供了重要的人文支撑。

当前,继续推进"一带一路"建设走深走实,需要在沿线国家间营造一个知识、信息、人员等生产要素自由流动的环境氛围。沿线区域一体化的市场也需要大量深谙各国历史文化、通晓国际规则、能够突破差异障碍、善于把握沿线各国发展大势的战略决策型人才。"一带一路"劳动力统一市场的形成与完善更是要求沿线各国协调高等教育体制,优化高等教育结构,建立共同的质量保障标准,促进跨国人才流动。此外,在高等教育全球化的背景下,国际学生流动趋势日趋明显。根据教育部公布的数据,2017年我国出国留学人数达60.84万人,同比增长11.74%,"一带一路"沿线国家成为留学目的地新的增长点,2017年我国赴"一带一路"沿线国家留学人数为6.61

万人，比上年增长 15.7%；同时，2017 年共有 48.92 万名外国留学生来华学习，其中"一带一路"沿线国家留学生人数达 31.72 万人，占来华留学总数的 64.85%，增幅达 11.58%，高于各国平均增速。可见，中国与"一带一路"沿线国家之间正呈现"三角双向交互"的留学格局，推动"一带一路"高等教育共同体建设，助力国际学生流动，显得尤为迫切。

改革开放以来至"一带一路"倡议提出之前，作为国家战略与对外政策的外延，我国的教育对外开放始终坚持"教育要面向现代化、面向世界、面向未来"为指引，呈现出"积极争取"的特征，国家先后出台了一系列教育对外开放政策法规。这些法律法规和政策文件的出台，为我国高等教育对外交流与

近年来中国高等教育对外交流与合作日益深入，越来越多的国外大学到中国参加各种形式的交流和展示。

内蒙古大学满洲里学院，是内蒙古大学对办学模式的大胆探索。

合作提供了健全的法律框架和政策保障。"一带一路"倡议的
提出为沿线国家高等教育合作的顺利推进提供了方向性指引，
同时也明确了高等教育在"一带一路"建设中的角色和任务。
2016 年，中共中央办公厅、国务院办公厅联合印发《关于做
好新时期教育对外开放工作的若干意见》，对提高留学质量、
提升涉外办学水平、丰富中外人文交流、促进"一带一路"沿
线国家教育合作等工作进行了重点部署。同年，教育部出台《推
进共建"一带一路"教育行动》，从国际国内两条途径对推进
新时期教育对外开放进行了顶层设计，成为引领我国教育对外
开放工作的行动指南，我国教育对外开放自此进入了以"提质
增效"为特征的新阶段，并取得了一系列新进展、新突破。在
高等教育对外交流与合作过程中，具有中国特色和国际竞争优
势的高等教育体系逐渐形成，人文交流内涵与广度不断提升，
我国高等教育质量的国际认可度日益提升。

我国教育对外开放的历史传统和新时期所取得的成绩，为"一带一路"高等教育共同体建设营造了良好的政策环境。继续推进这一建设进程，不能忽视"一带一路"沿线国家和地区早已启动或正在进行的高等教育改革。早在1999年，欧洲便提出了建立"欧洲高等教育区"的改革计划，又称"博洛尼亚进程"。这一计划旨在推动欧盟高等教育资源的整合共享，创建具有欧洲维度的高等教育质量保障与评估制度、可识别与可比较的学位体系、学分和学时的互认体系，以实现高等教育体系的兼容互补，促进国际学生的广泛流动，提升其跨境就业能力以及多元文化融合能力。截至2018年6月，65个"一带一路"沿线国家中已有27个国家加入了博洛尼亚进程，根据协议，加盟国家要围绕相关协议目标对本国原有的高等教育体系进行改革与规范，包括学位对等、师生国际流动、课程与学术研究国际化等内容，以推动高等教育区域合作与发展进程。而早在1967年和1997年，东盟国家和非洲国家也就开启了高等教育合作进程，如东盟高等教育一体化、非洲高等教育研究空间，有力地推进了地区之间的高等教育合作交流。同时，新加坡、马来西亚、印度、印度尼西亚等国也有各自的国际化战略谋划。中国高等教育领域继"211工程""985工程""优势学科创新平台""特色重点学科项目"之后，也在2016年启动了"双一流"建设。这些都为"一带一路"高等教育共同体建设创造了可能性发展空间。

构建沿线国家的政治互信，是保证"一带一路"高等教育共同体建设的重要条件和长期任务。目前，全球共有100多个国家和国际组织参与到了"一带一路"建设中，联合国安理会决议也呼吁各国共同推进"一带一路"建设。但是，包括沿线国家在内的不少国家仍对"一带一路"建设存在诸多误读。当前，东盟、西亚、南亚以及中东欧部分国家之间的历史遗留问题和领土争端尚未根本解决，地区冲突和战争并未消除，中国与东盟、南亚部分国家也存在一定的主权争议和利益冲突，这些都将对"一带一路"高等教育共同体建设的整体效益水平产生一定的负面影响。此外，随着"一带一路"建设的推进，中国与沿线国家间的文化交流也越来越频繁，多元文化的共存与发展必将经历一个漫长的融合过程，其间难免会出现对峙、排斥甚至摩擦。

毛入学率是衡量高等教育发展水平的一个通用指标，高等教育毛入学率越高，代表一个国家高等教育学生的参与率越高。从 2016 年有数据可查的 62 个"一带一路"沿线国家来看，中东欧及南欧国家整体上高等教育毛入学率最高，都在 40% 以上，且 82% 的国家都进入了高等教育普及化阶段。尤其是希腊，高等教育毛入学率高达 117.43%。相比之下，绝大多数的东盟、西亚、南亚及中亚国家高等教育尚未进入普及化阶段，尤其是南亚国家整体上高等教育毛入学率最低，最高的印度 2016 年高等教育毛入学率也只有 26.93%，阿富汗、巴基斯坦等 5 个国家的高等教育毛入学率均低于 15%。从数据可以看出，目前共有 9 个沿线国家的高等教育仍处于精英化阶段。此外，缅甸、老挝、卡塔尔、孟加拉国、斯里兰卡 5 国的高等教育刚刚从精英化进入大众化阶段。沿线国家的高等教育发展不平衡，发展层次、类型、需求不一，给高等教育区域合作的对接增加了难度。

根据 QS、US News 和 Times 世界三大最具影响力的大学排名机构发布的最新全球大学综合排名，中国及"一带一路"沿线国家进入三大排行榜前 200 名的高校非常少，只有新加坡、马来西亚、俄罗斯、中国等少数国家有高校跻身前 200 名，新加坡以及中国高校在三大排行中较为稳定，马来

在高等教育对外交流与合作的过程中，中国传统文化受到越来越多的外国留学生的青睐。

"一带一路"建设的持续稳步推进，给沿线各国高等教育的开发、交流、融合提供了历史性的机遇。

西亚、俄罗斯、以色列、印度、沙特阿拉伯、土耳其、捷克等国上榜高校数量较少，且在三大排行榜中表现差别较大，可见"一带一路"沿线国家高等教育规模效应和质量效应还有较大的提升空间。

总体来看，"一带一路"沿线区域和每个区域内国家间的高等教育发展程度差异较大，因此，各个国家的高等教育发展任务不一，一定程度上将影响"一带一路"高等教育共同体愿景同一性的达成。如伊朗、印度尼西亚、马来西亚、土耳其、俄罗斯等新兴经济体国家，随着社会发展水平提升与经济结构转型对劳动力市场需求的增加，其高等教育将经历一个强势发展阶段，高等教育以及科学研究等方面交流与合作力度将得到提升；中东欧、南欧等高等教育毛入学率较高的国家，由于受人口老龄化与低生育率问题的影响，高等教育毛入学率可能会出现缓慢增长甚至负增长现象；与之相反，印度、沙特阿拉伯等国人口结构呈现年轻化特征，经济活力优势明显，未来高等教育规模将进一步扩大；中亚、东盟等国虽然也将面临人口老龄化问题，但由于人口总数的不断增加，高等教育适龄人口数量将继续保持增长态势，其高等教育毛入学率也将会持续上升。

人类是一种群体性的存在，这就决定了人们生活的环境离不开与"他者"的互动、对话，而教育则是连接、融合人类群体的重要纽带。在"一带一路"建设的大布局下，推动沿线各国高等教育区域合作与发展，构建"一带一路"高等教育共同体，是深化沿线国家、民族、文化间的理解与认同，提升沿线国家高等教育一体化、国际化水平的应然转向。当前，"一带一路"建设的持续稳步推进，给沿线各国高等教育大开放、大交流、大融合提供了历史性机遇，但也带来了诸多制约和挑战。未来推进中国与沿线各国的高等教育区域合作，建设"一带一路"高等教育共同体，应立足于相互之间的优势互补，构建"阶梯式"的高等教育共同体实践模型，同时加强制度化建设，先行推动中国高等教育一体化，为共同体建设提供前提条件；回应经济社会需求，强化高等教育的社会参与，提升教育整体合力；发挥高等教育的知识、文化等优势，营造改革、试错和包容的共同体文化，培育合作中的共同文化基础；做好沿线各国高等教育的"政策嫁接"，避免"点菜式"的选择性改革，增强共同体建设方案的系统性和关联性；重视高等教育合作背后的话语价值，提升"一带一路"高等教育共同体话语权。最终有效整合各国有限力量，聚力推进"一带一路"高等教育共同体全面建设进程。

第二节 高等教育：立足特色，促进交流

教育是人类活动中最高级的一种形式，但同时它又是最朴素、最普及的一种形式。中国有句老话叫"十年树木，百年育人"，总是把教育和种树联系在一起。教育具有超前性，具有前瞻性，也具有基础性，在一带一路的大背景下，到底应该培养什么样的人才给未来用，是一个值得探讨的问题。

香港科技大学教授、深圳大学特聘教授丁学良先生，就自己多年来的高等教育合作经验，谈到在"一带一路"教育合作中的问题时，着重强调了几点：一、法律问题："一带一路"的沿途国家，当涉及与中国的高校合作，有哪些法律方面的政策与障碍，需要事先了解并掌握；二、教育体制问题："一带一路"战略目前涉及六十多个国家，各国教育体制、高校体制五花八门，包括英国制、美国制，还有本国制或各种制度的混合制，需要对这些体制进行认真研究，才能顺利展开合作；三、意识形态问题：要了解合作国家的官方意识形态，避免教学过程中的意识形态冲突；四、了解各国宗教，避免敏感话题；五、语言问题：在初始阶段，尽量用英语或本地通行语言进行教学，汉语比重不宜过大；六、教材问题：要参照国内外不同的环境，制定相应的教材。只有对国际背景有充分的了解和适应，高等教育的合作才能得以展开。

在本届阿尔山论坛的全球大学校长论坛上，来自韩国东亚大学校长韩锡政先生，蒙古国科学院院士、蒙古国农业大学原校长巴凯先生，内蒙古农业大学校长高聚林先生，中央民族大学校长、中国兴边富民战略研究院院长黄泰岩先生，内蒙古师范大学校长云国宏先生，吉林大学常务副校长、东亚社会学会会长（中国）邴正先生，南开大学原副校长佟家栋先生，大家齐聚一堂，探讨对于教育、尤其是"一带一路"背景下教育的看法。

第二届阿尔山论坛的"校长论坛"现场，蒙古国社会科学院院士、蒙古国农业大学原校长巴凯先生致辞。

　　论坛围绕的两个主题，第一个是在"一带一路"的背景下高等教育的对外交流问题，它的必要性以及遇到的困难；第二个是"大学怎么做自己"。围绕这两个主题，大家探讨了一系列相关话题。

　　在谈到中国的"一带一路"给大学带来了什么样的机遇时，韩国东亚大学的韩锡政校长表示，"一带一路"建设与韩国息息相关，作为中国的近邻，从政府到企业、学校，韩国对"一带一路"建设的关注正在逐步增加；学校中的中国留学生在增加，"中国"日益成为一个重要话题；在学校经费方面，他很羡慕中国的许多学校经费充足。蒙古国农业大学原校长巴凯则谈到，中蒙在历史上本是一家亲，有着切割不断的血脉联系，

内蒙古农业大学校长高聚林先生在"校长论坛"上发言，重点谈到了内蒙古农业大学与蒙古国相关农业院校的合作及未来规划。

中蒙稳定的政治关系，为双方教育合作奠定了良好的基础；近年来，在"一带一路"影响下，蒙古大学与中国的大学的交流逐渐增多。蒙古大学面临着更加开放多元的环境，在这个环境下，如何培养能够与时俱进的人才，是目前面临的突出难题。

内蒙古农业大学校长高聚林表示，"培养与时俱进的人才"，不仅是蒙古大学或者内蒙古农业大学的问题，在中国的高等教育里面，这是普遍存在的问题。其主要原因，就是一个"变"字。我们面对的整个的社会环境、国际环境都发生了变化，中国进入新时代，要与时俱进跟上新时代，学校就要发生变化。除此之外，则是需求发生了变化，整个世界的经济变化带来了对人才、科技诸多方面的需求都发生了变化。这两个变化导致了高校现在面临的三个问题：第一，结构性问题。我们现在培养的人才和我们的需求不相适应，或者是不对称；第二，质量和数量问题。我们国家经过这样一个高等教育的快速发展，大学生数量迅速增长，质量可能没有同步地跟上；第三，数量和效益问题。办学虽然是公益性的，中国的教育主要是以公益性教育为主，但是也存在着东亚大学的韩校长提到的，存在办学的经费紧张等等困难，这和发展不相适应。

经过一些深入的讨论，学校形成的一个基本思路，叫作以变应变。从"以人为本"转向"以人民为中心"的这样一个基本的大的方向去变化。内蒙古农业大学作为地方院校，首先要立足于内蒙古自治区的这样一个基本的定位，也就是习总书记提出来的"生态优先，绿色发展"这样一个基本定位。以"产教融合"来倒逼结构性的改革，或者称之为高等教育的供给侧结构性改革。通过这种改革，以农林学科为基本主轴，以理工和人文社科包括经管作为两翼，来建立新农科，以此作为学校发展的总体战略规划。按照这样一个总体的思路，作为地方院校，在解决内蒙古自治区经济社会发展需求的同时，在国家战略层面上推进"一带一路"一些沿线国家的建设。

内蒙古农业大学和蒙古国关系合作非常密切，每年为蒙古国培养本专本科生、硕士生、博士生，大概每年在100人左右；也有蒙古国以生命科学为主的一些相应的农业院校的师生来内蒙古农业大学访问，每年达到300多人次。在一带一路沿线，内蒙古农业大学通过援外培训，大概每年培训近百人，培训领域包括食品、农林、治沙，而总体优势就是农牧林水草乳沙。

关于高校在"一带一路"背景下的发展，中央民族大学的校长黄泰岩先生谈到，第一，大学最重要的职能，不是绩效，不是多培养几个强专业，最重要的是一种思想文化的延续和引领，这种引领性出来以后，才能带动品牌。从学校内部的教育角度来讲，一定要给学生最前沿、最国际化的视野。中央民族大学比较特殊，它的学生遍及56个民族、"一带一路"周边国家，相对应的有蒙语系、藏语系等等，与各民族、各国家语言相通、民族相通、宗教相通，甚至亲戚之间的关系非常密切。在这种情况下，让他们了解中国作为第二大经济体并在世界上引领发展的观念就很重要，一定要给它确立起来。要担当起这样的引领责任，所以尽量给学生们一些前沿性、国际化的视野，以及能力、思维方面的训练，使他们能够在复杂的情况下独立思考，能够就很多问题看到世界前沿的变化，这是必须的要求。第二，从"一带一路"企业走出去的角度来讲，大学必须走出去，否则所谓"文化相通、文化自信、相互了解"，还是空的。中央民族大学利用它的文化优势，包括民族的、区域的优势，现在已经在中亚五国——吉尔吉斯斯坦、土库曼斯坦、哈萨克斯坦、塔吉克斯坦、乌兹别克斯坦建立文化中心；这些文化中心合在一起，就成为一个"一带一路"的学院。不仅要形成彼此之间、两国之间的研究，还要进行跨国式的交叉研究。不仅要了解五个国家，促进与中亚的合作，而且五国之间也能够形成相互的合作；这在"一带一路"当中才能做到"通"。比如，在中亚地区建一个研究中心的时候，双方学生在一起相互交流，能够达到在不同文化情况下的一种互动，这样才能够真正走出去，以后更多的目标将会实现。大学的重要性就在于通过以它为中心，形成一种辐射、带动、引领概念，这是很重要的一点。除了建立这样一个组织平台之外，要让俄罗斯、蒙古国、中亚的留学生到中国来。中央民族大学为了做到这一点，以后要做两件事：第一，在北京新校区专门做"一带一路学院"来推进国家之间的相互了解。第二，在海南建立"一带一路学院"，重点吸引东南亚一带一路沿线国家的学生，让他们到那去学习，同时与云南、广西的学校形成教育合作，他们的学生也可以到中央民族大学学习。

关于中国的高等教育如何吸引外国留学生的问题，黄泰岩先生讲到，如今中国在大发展，中国对世界经济增长的贡献率居世界第一，达到30%，让很多国家感受到和中国相连，未来巨大的市场是对整个世界经济的巨大吸引。这不仅有对企业的吸引，对人的吸引，还形成了对中国文化的爱好，因为在全世界的文化的分析中，还没有一个国家能够用这样一个特殊的制度和特殊的文化来支撑一个现代化的大发展，而中国目前做到了，这被称为中国之谜。很多人要去解开中国之谜，就要来认识中国了解中国，和中国的学生来交流。中央民族大学的独特优势还在于包含 56 个民族，常常被称为多民族多文化的典范，它能够吸引"一带一路"周边国家学

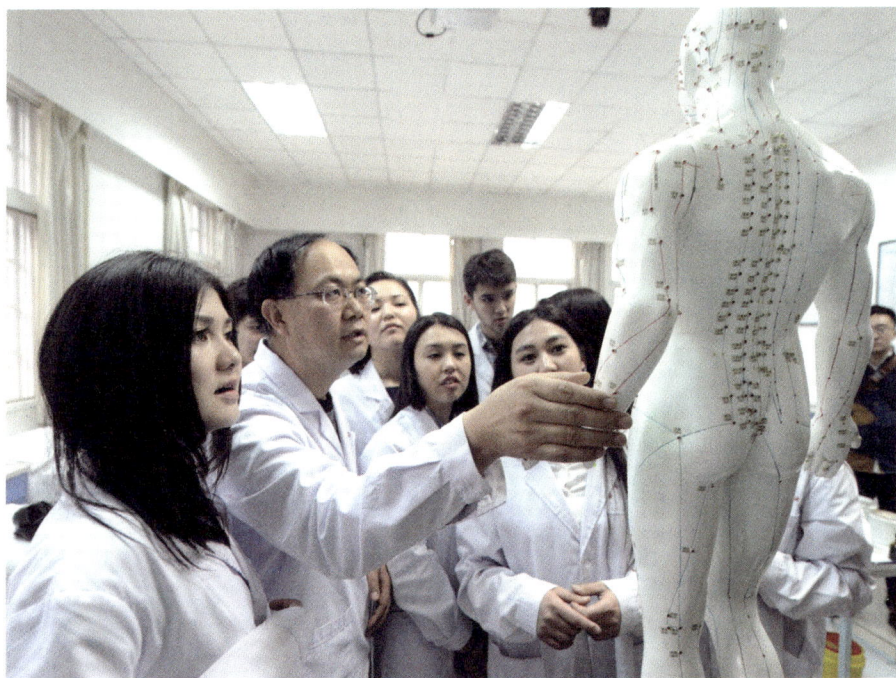

来自吉尔吉斯斯坦的灵芝、白芷、白薇、黄柏等 8 位年轻人在甘肃中医药大学接受中医教育，大伙都用中药名作为自己在中国的名字。

生到这里来，不仅因为有民族宗教文化语言专业，还在于这所学校的包容性，能够包容各种各样东西，而且取其精华。

内蒙古师范大学的云国宏校长在谈到内蒙古师范大学如何在"一带一路"的背景下"走出去"时讲到，在过去两年，内蒙古师范大学一直在"求变"，内蒙古师范大学是一个民族特色比较浓的学校，即使在内蒙古本地区也是这样，学校中有40%的学生和教师是蒙古族，有非常完整的蒙古语的授课体系，这一点与中央民族大学的汉语授课体系不同，毕业自这里的学生，蒙古语和汉语都会很流畅。内蒙古师范大学也在为政府、为区域经济发展做贡献，跟蒙古、俄罗斯、韩国、日本，还有一部分欧洲国家，包括澳大利亚都展开了合作。先前内蒙古师范大学曾在俄罗斯办孔子学院，在蒙古国办孔子课堂，此外，内蒙古师范大学在蒙古国通过"2+2"留学的学生将近400人，为俄罗斯伊克拉斯诺雅尔斯克大学送去的"2+2"留学生有80多人。学校希望这些留学生经过学习，能够真正了解中国，也了解蒙古、俄罗斯。这样学校才能够真正达到交流项目的初衷，不能只从学者角度去研究，而是通过做工作，最终达到民心相通，才能在"一带一路"上作出贡献。目前，内蒙古师范大学的留学生在本地区达到了全国的平均水平。

针对"一带一路"上的教育合作问题，吉林大学常务副校长、东亚社会学学会会长邴正先生谈到，吉林大学有73000名全日制在校生，其中有近3000名外国留学生，来自大约51个国家。吉林大学和全世界98个国家、300余所高校建立了友好交流关系。吉大的留学生中大约有一半来自东北亚的国家，俄罗斯、韩国、朝鲜、蒙古、日本。吉林大学是42所双一流建设大学之一，中国最近推出的"一带一路"倡议和双一流大学建设的方案，这两者有共通性，都是要适应全球化、信息化的发展，提升中国的国际发展事业。吉林大学地处东北亚，它的重要的任务就是推动东北亚地区的合作交流发展。高校参与"一带一路"建设，应该承载四个重要的使命：

第一，高校要成为人才培养基地——参与"一带一路"建设，就要有适应"一带一路"建设的人才。这个队伍首先要有国际交流能力。如果培养的学生没有国际交流能力，就无法参与其中。

第二，要在科学技术和文化知识上，走在"一带一路"建设的前面。如果培养的知识陈旧，攀登不了科学技术高峰，对"一带一路"沿线国家的科技影响力就会很低。

第三，作为高校，还要成为繁荣文化的先锋。文化是用于传播和交流的，语言就是交流工具。讲好中国故事，高校承载着重要的使命，教师、学生本身就是一个中国故事。中国讲究身体力行，远取诸意近取诸身，言传身教是最好的中国故事。所以所有的大学都要承载传播社会新文化、新风尚、新观念的使命，高校不能落后于社会。

最后，高校的使命就是推动国际交流的重要平台。一个城市的国际化水平首先通过高校体现。有高校就能请来外国专家，就能招来外国留学生，那么城市本身就随之更加国际化。吉林大学作为双一流建设的大学，目前正按照中央的要求，推动内涵式发展，缩小和国际一流大学的差距。随着双一流建设的实施，包括吉林大学在内的中国高校，会有一批能够走在世界的前列。

南开大学原副校长佟家栋先生从经济学的角度谈到，经济的全球化必然带来文化的全球化。因为一个国家要更好地推动自己经济的发展，就要有贸易、国际投资、国际金融以及一系列的国与国之间、企业之间的合作。

这种合作首先要求语言，语言之后是文化，文化之后是传统，传统之后是习惯，习惯之后是一种生活方式，乃至于生产方式，甚至是社会制度、社会习惯等等，一系列的活动都会伴随着经济的全球化而不断的发展。要了解别人，同时别人也不断地需要了解我们，只有大家了解得相互比较清楚，减少误解，那么经济的合作、贸易的合作，乃至投资的合作，才能够顺利地进行。

大学承担着文化的传承、文化的相互了解、文化研究的使命。文化研究如何去弥合差异，弥合自己和别人的误会，不断地把自己介绍给别人，不断地了解别人、理解别人，不断地去寻找共同点和差异点，从而能够有一种和而不同的这样一个世界的生存方式。所以，从这个意义上讲，经济的全球化过程，包括中国所推动的"一带一路"的建设过程，其中包含着很多的经济发展过程，同时也包含了文化全球化的过程。

首先，在经济的全球化过程中，大学要培养人才。在培养人才的过程中，有三点非常重要：第一，是对人才能力的培养，包括不断地学习这个变化的世界中的新的知识、新的发明创造、新的科学、新的工作。这个能力的培养，在任何时候，不管这个世界变成什么样，培养学生的潜力、能力，提问题、解决问题、处理问题的能力，是每一个大学普遍应该遵循的准则。第二，一个大学就是一个知识传承同时更多的是知识创造的过程。在知识创造过程当中，不可避免地要把创造的知识，包括中国大学创造的知识、世界其他国家大学创造的知识，乃至科学家们在新的领域创造的知识教给学生，让学生不断地跟着世界的发展进步。第三，大学在培养人才的同时，要有能力满足社会需要，社会的需要包括本国发展当中的重大需求。大学应该有责任、有使命去回答和担当这样的任务，去回答和研究，能够给政府、企业、百姓以引导和指导。这样一种引导和交流，在很大程度上是来自于社会需求。同时，要和世界上的大学合作，来解决人类面临的共同问题。比如，在今天这样一个经济全球化的过程当中，在中国推动"一带一路"建设当中，有很多的问题已经提出来，比如基础设施更加节约高效，使得这个世界能够比较便利的形成畅通、沟通和流通，等等。

韩国东亚大学的韩锡政校长在"校长论坛"上发言时说，作为中国的近邻，韩国从政府到企业、大学，对"一带一路"建设的关注正在逐步增加。

其次，应当大力研究，在我们面临的生产当中，哪些技术可以给这个社会更好地节约资源，更好地提高生产力，包括"第四次工业革命"所取得的和正在取得的新的知识，以及新的解决问题的方法。

最后，应当如何面对经济发展过程中的问题，比如环境污染、土壤的污染、空气的污染、水的污染，乃至一系列由于这些污染、由于这些生产部门带来的人体健康的问题。越是全球化，这些问题就越是全球共同的问题。因此习主席讲人类命运共同体，它体现在人类越来越相互依赖、地球经济越来越相互依赖的过程当中。发展当中的污染问题、对人类威胁的问题，确实需要大家在全球范围合作，需要大学合作。

目前南开大学和哥伦比亚大学建立了一个联合研究院，这个研究院主要是在生物医学、人工智能、纳米材料、经济学、经济法学这几个学科合作。而这些合作的领域，我们希望达到这样的层次：第一，学者之间经常在重大问题上合作，要组成团队；第二，博士后、年轻人们要寻找共同的研究课题；第三，博士生们要形成联合的培养；第四，硕士生形成1+1的培养方案，使之成为一个国际化的过程的培养。

在校长论坛上，关于高校怎么"做自己"的问题，东亚大学校长韩锡政提到，虽然东亚大学在教育市场上已经占有了一定的份额，形成了一定的影响力，但是为了吸引更加优秀的学生，仍需要更多的教育资金的投入。蒙古国农业大学原校长巴凯先生则讲到，蒙古国的大学这些年投入了许多创新项目，为其他国家输送不少留学生，在学校里形成了显著的创新氛围。

内蒙古大学的高聚林校长讲到，蒙古国的发展和内蒙古的发

吉林大学常务副校长、东亚社会学会会长邴正先生在发言中，强调中国的大学要在与世界上其他大学的交流中不断创新发展。

展有着一脉相承的地方。内蒙古自治区布小林主席亲自抓牧区现代化，发挥了巨大的作用，释放了巨大潜能，得以快速发展。进入新时代，如何去进一步的发展，特别是作为边疆地区的牧区现代化如何发展，需要下一步共同去探索，形成一个真正能够见效、能够尽快发挥作用的模式。要强力推进供给侧结构性改革，从改革中获取动力。

中央民族大学校长黄泰岩先生则讲到，中央民族大学的"民族"两个字是最大优势。和民族相关的专业比如民族法、民族史、边疆史、民族经济、民族艺术，这都是中央民族大学的特色。要把民族学这一学科做到最好，不仅要做到国内一流，也要做到世界一流。所以在学校里，大家都一切为之服务，所有的资源都汇聚到这上面去，通过形成以民族学这样的"珠峰"为特色的学科带领这样一个高原型学科群，通过这样去打造中央民族大学在全国的位置。

内蒙古师范大学的云国宏校长则讲到，作为内蒙古自治区的地方性的师范大学，首要任务是为地方培养教师。根据统计数据显示，内师大毕业的师范生40%都留在了内蒙古。在做好培养教师这一本职工作的基础上打造优势，积极求变。2014年，内师大主动拿出380万投入中蒙合作项目，与蒙古国的五所大学一起设立科研机构，这就是在原来合作基础上的进一步提升。同时，在中俄蒙智库方面，内师大协助政府起到了很大作用。内师大还举办过"丝绸之路国际大学生那达慕"这样的活动，让各国学生一起参与。第一年时，三国的大学生在三个国家区域内，国际项目交流非常成功；第二年俄蒙经济下滑，没做好，那就反过来，把蒙古国艺术大学80人的艺术团请过来，参与内师大国际大学生足球赛的闭幕式，跟内师大的学生同台演出交流；第三年，内师大的这种活动已经进入包括像俄罗斯、中亚国家的顶级的大学，像莫斯科大学等，取得了很大的成功。

　　谈到高校如何做自己，吉林大学常务副校长邴正先生讲到，要做创新的中心。中国改革开放 40 年有巨大的发展，中国成为世界上的一个制造大国，要引领产业中国制造。吉大的校训就是"求实创新立志图强"。应该说，中国高校在推动中国的科技技术方面做了重要贡献，但远远不够，和中国目前的发展需求不适应。我们在全球化信息化高度竞争的过程当中，应该成为创新的中心前锋。所以我们的学者要改变坐而论道的传统，要积极地和企业、和国际先进的科研机构、和高校加强交流合作，要提高高校的科技创新。我们什么时候把中国制造改为中国创造，我们中国的高校就真正实现了自我。

　　南开大学原副校长佟家栋先生谈到，今年南开成立 100 周年，

大学是推动国际交流的重要平台，一个城市的国际化水平首先是通过大学来体现的。阿尔山虽然目前没有大学，但"校长论坛"无疑是阿尔山走向国际化的重要助力。

它一定有第二个100年，第三个100年；在这个过程当中，我们原有的我们自己认为不可替代的地方，永远会有被替代的威胁。比如我们的化学、数学、经济学、历史学，我们正在开展的新兴的生命科学和生命医学，将来还有纳米材料等等，这些都可能成为南开的特色。我们也希望在国际化的大变化当中，南开能够有它自己的特色。一个大学不可能所有的学科都是一流的，但是在高原上见高峰，永远是一所大学应该追求的目标。

"在高原上见高峰"，七位大学校长的观点高屋建瓴。如今，国际合作办学、教师互访、学生交换、国际合作研发平台等在各国高校间如火如荼地开展，高校教育国际化已经成为不可阻挡的趋势，只有登高望远，才能收获更多。

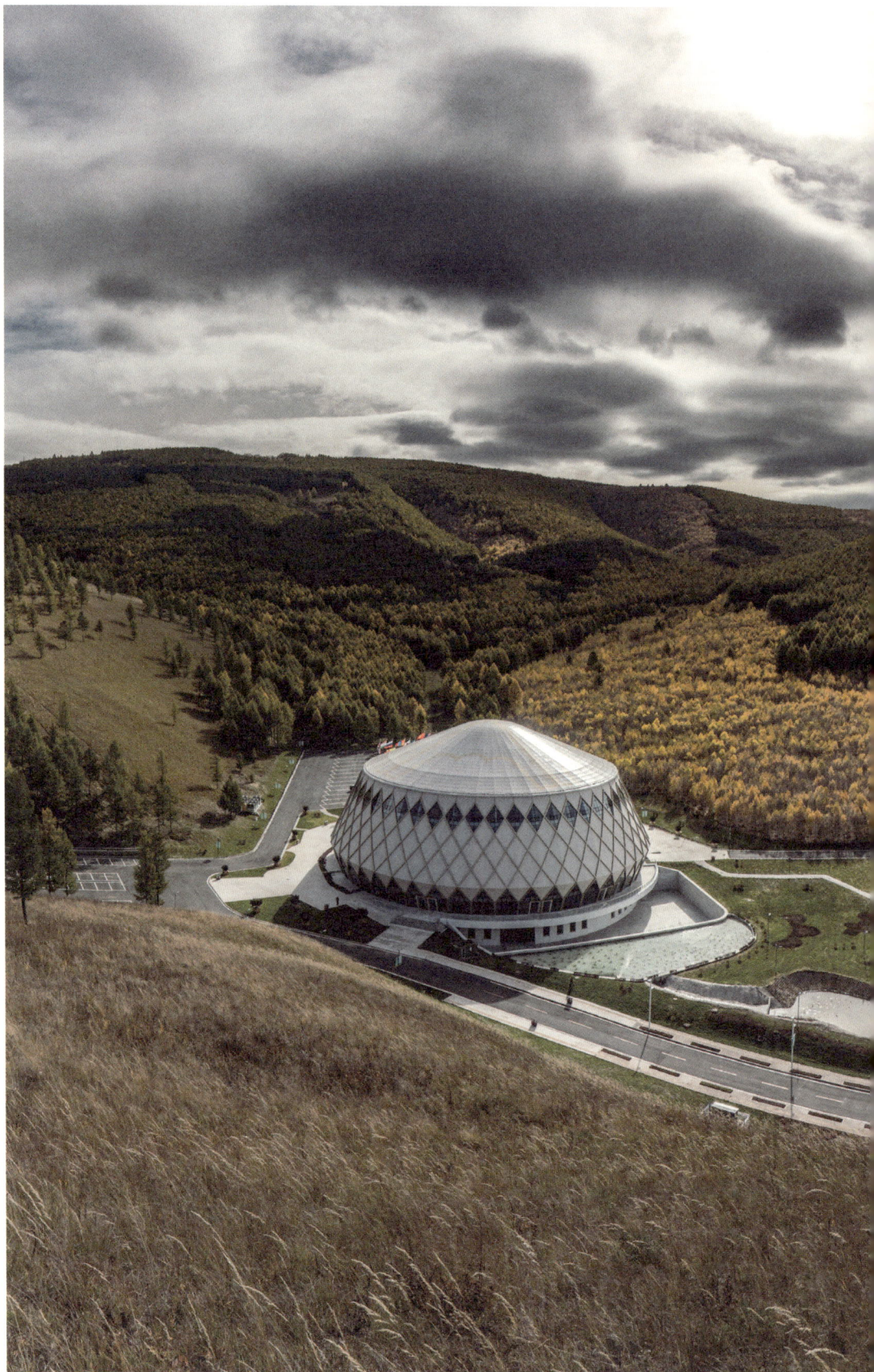

第四章
论坛发言名录

第二届阿尔山论坛以"全球文明对话与构建人类命运共同体"为主题，秉持和平、发展、共享、共赢的理念，倡导文明交流互鉴，推动构建人类命运共同体。

阿尔山论坛开幕式的嘉宾发言节选

陈元　第十二届全国政协副主席

　　第二届阿尔山论坛以"全球文明对话与构建人类命运共同体"为主题，秉持和平、发展、共享、共赢的理念，倡导文明交流互鉴，推动构建人类命运共同体。文明交流互鉴是社会进步的动力，尊重多样文明，从不同文明中汲取营养，能够激发创造创新活力。人类只有一个地球，树立命运共同体意识是人类发展的历史定势，共商共建共享，共同治理，共同维护，创造一个持久和平、普遍安全、共同繁荣、开放包容、清洁美丽的世界，是题中之义。

布小林　内蒙古自治区党委副书记、自治区主席

　　草原民族自古以来就秉承"以人为本"的生存和发展理念。这种文明理念作为一种文化优势，符合以人民为中心的发展观，也符合构筑人类命运共同体的要求。人类社会是一个相互依存的共同体，目前正在努力建设和发展生态文明社会，即以环境资源承载力为基础、以自然规律为准则、以可持续社会经济文化政策为手段的环境友好型社会。其中人与自然、人与人、人与社会和谐共生、良性循环，既是我们从祖辈传承的思想文化，也是我们需要继续不断努力前进的目标。

巴勒斯坦驻华大使法里兹·马赫达维

法里兹·马赫达维　巴勒斯坦驻华大使

这次论坛将为我们提供一个千载难逢的机会，使巴勒斯坦和内蒙古在教育，旅游和文化等各个治理领域更加相互了解。巴勒斯坦和中国是老朋友，多年的友谊令我们感情深厚，祝愿论坛取得圆满成功。

张恩惠　内蒙古自治区党委常委、兴安盟盟委书记

在经济全球化步伐不断加快的今天，作为中蒙俄经济走廊上的重要节点，扩大对外开放、深化交流合作是兴安盟一项紧迫而重大的任务，也是我们探索以生态优先、绿色发展为导向的高质量发展新路子的现实需要。借助首届阿尔山论坛，在高层次专家学者的对话交流中，形成了一系列论坛成果，达成了一系列合作共识，有力地推动了兴安盟高质量融入"一带一路"建设，切实提高了全盟对外开放合作水平，兴安盟和阿尔山的知名度美誉度也得到极大提升。

巴凯 蒙古国科学院院士、蒙古国农业大学原校长

自古以来,中亚高原一直是历史悠久的土地,蒙古、突厥、华夏民族和其他文明通过不断的文化和经济交流以及相互学习而繁荣起来。在全球化与信息技术和创新世纪的 21 世纪,这一地区内地区与国家之间的和平共处与互利合作的需求日益增长。在这种更广泛的合作中,大学和研究组织等区域教育和科学机构可以发挥重要的作用。如果我们面向未来,在尊重文化差异的基础上展开充分合作,必将赢得成功。

凯斯·美林 美国导演协会成员,电影艺术与科学学会会员,制片人、编剧、导演

我是第二次参加阿尔山论坛,美丽的阿尔山令人印象深刻。作为导演和制片人,我有幸与内蒙古草原文化保护与发展基金会合作,将在内蒙古建成两座巨幕影院,通过影片为到达这里的游客呈现蒙古大地上宏伟的历史。内蒙古的草原壮阔浩瀚、牛羊成群,这里的蓝天白云令人沉醉,这里的历史悠久博大,这些都给我留下了极为深刻的印象。在全球化的过程中,每种文化都是独特的珍宝,传播这些文化是我的责任。

余爱水　中国人民解放军北京军区空军原副政委

　　构建人类命运共同体，有赖于两方面的彻底革命：认知彻底革命和科技彻底革命。阿尔山论坛就是着眼于认知彻底革命，试图起到一种思想灯塔的作用。当然，承担起这一无与伦比的使命，仅靠阿尔山论坛是不够的，还需要集中全人类的智慧、一代又一代人的智慧。而科技彻底革命，则要紧紧抓住人工智能、大数据、云计算、5G、互联网物联网、生命科学、生物工程、新能源、新材料、核能可控性利用，集中全球力量，开展大合作大融合，进行攻关和突破。这样做，不仅可以在上述这些重要核心科技领域，实现跨越性、颠覆性进展，并且更加重要的是，这些前所未有的科技成果，将是没有后门、壁垒和陷阱的，是开放的分享的，是在尊重必要知识产权的前提下，可以低成本的比较自由的进行应用和享用的。

韩锡政　韩国东亚大学校长

　　本次论坛的主题是"全球文明对话及人类命运共同体建设"，我从很久以前就非常关注这个主题。我生活的韩国釜山自 1930 年以来一直是与中国、日本交流的节点，因此，能够参加这个开放的论坛，我感到非常高兴。中国自清朝时代起就有多民族共存的历史，我认为中国有资格用这种多民族共存的历史引领世界的全球化。近年来，有些地区狭隘的民族主义阻碍了世界人民的和谐，在这样的时代，我们要联接地区和地区，面向民间交流，面向民族共存。这个论坛具有这样的时代意义。

第二届阿尔山论坛闭幕式上的无伴奏合唱演出

彭健明 中央广播电视总台副总编辑

习近平总书记提出建设人类命运共同体，探索把人类的文明成果汇集在一起，形成共同的价值和追求，而不是一国的价值观替代全球的价值观。有些国家考虑自己发展，担心别人发展阻碍共同发展。中国作为一个有责任的大国，探索建设人类命运共同体，造福的是大家，有利的是全球，而不是只考虑自己国家的利益。得道者多助，失道者寡助，我们前进的步伐谁也无法阻挡。

薛惠锋 国际宇航科学院院士、
　　　　中国航天系统科学与工程研究院院长

内蒙古作为"一带一路"陆路通道中的重要节点，"草原文明先行先试"具备得天独厚的区位优势，"草原雄风一马当先"具有牵一发而动全身的"牛鼻子"示范效应。传承钱学森系统工程思想，将助力内蒙古深化"一带一路"建设，激发内蒙古开放的新活力，开启内蒙古经济腾飞的新格局，谱写"人类命运共同体"的新篇章。

阿尔山夏日风光

邱文鹤　中青旅控股股份有限公司副董事长、总裁

　　内蒙古文化旅游的高质量发展，最关键的不再是围绕草原做草原、围绕森林做森林，而是围绕人们对生活的期待，创造卓越的产品和崭新的体验。在这里分享我们打造了三个面向不同人群的创新品牌：其一，面向企业和高端客户，打造了"马背上的内蒙古"定制旅游品牌，以马帮游历的方式，串联内蒙古壮丽广阔的自然景观、厚重多元的历史文化，以及最原生态的游牧民族的日常生活，让游客给自己的心灵放牧。其二，面向北京、天津、沈阳、西安、大同等周边城市客群，打造了"72小时自驾内蒙古"的自驾品牌。我们希望72小时成为一种新的生活潮流，内蒙古离你并不遥远，随时可以来一次说走就走的旅行。其三，面向孩子们，我们打造了"少年那达慕"亲子研学品牌。内蒙古是一个诞生过无数英雄的地方，我们希望全国的青少年能在这里感受到一种勇士的情怀，一种品格的历练，与大风和羊群同行，拥有更广阔的世界观。

阿尔山论坛全体会议的嘉宾发言节选

黄仁伟　复旦大学"一带一路"与全球治理研究院常务副院长、上海社会科学院原副院长

在过去数年中，东北亚难以成为"一带一路"的重点区域，主要原因在于，朝鲜半岛的安全形势是东北亚地区经济增长的主要瓶颈甚至障碍。2018年初，朝鲜半岛安全形势出现重大的变化，朝鲜去核问题的解决有了转机，半岛南北双方关系明显缓和，美国对朝鲜的军事打击危险大幅度减小。这一系列重大变化，引起国际战略界对东北亚地区安全走向的重新思考，大量以往作为战略判断的重要条件发生转变，和平与战争的总体平衡出现逆转。可以明确地说，在东北亚地区推进"一带一路"合作出现了重大转机，东北亚地区经济合作机制迎来了前所未有的战略机遇。

第二届阿尔山论坛全体会议现场

丁学良　香港科技大学教授、深圳大学特聘教授

在"一带一路"教育合作中，要着重注意的问题有：一、法律问题，"一带一路"的沿途国家，当涉及与中国的高校合作，有哪些法律方面的政策与障碍，需要事先了解并掌握。二、教育体制问题，"一带一路"战略目前涉及 60 多个国家，各国教育体制、高校体制五花八门，包括英国制、美国制，还有本国制或各种制度的混合制，需要对这些体制进行认真研究，才能顺利展开合作。三、意识形态问题，要了解合作国家的官方意识形态，避免教学过程中的意识形态冲突。四、了解各国宗教，避免敏感话题。五、语言问题，在初始阶段，尽量用英语或本地通行语言进行教学，汉语比重不宜过大。六、教材问题，要参照国内外不同的环境，制定相应的教材。只有对国际背景有充分的了解和适应，高等教育的合作才能得以展开。

哈维·佐丁　中国外交协会高级顾问、央视特约评论员，ABC 电视台原台长、副总裁

伴随着高科技的迅猛发展，以及我们共同生活的星球正在发生的深刻的生态变化，我们可以看到，共同体是人类共同的未来，这是历史发展的趋势。实际上，所有领域都在发生翻天覆地的变化。在这种巨大发展的过程中，存在着危险和机遇。没有高水平的智慧，将很难承受这种趋势的力量。对抗与冲突只能停滞不前，而通过双赢合作，世界发展的潜力是巨大的。相互依靠，携手合作，互惠互利与共赢，才是明智的选择。

邴正　吉林大学常务副校长、东亚社会学会会长（中国）

草原文明不仅仅是中国的现象，而是世界的现象，它是人类历史上一个重要的发展阶段。目前全世界有200个国家和地区，接近2/3的国家和地区都有草原文明。草原文明占了欧亚大国差不多2/3的地区，所以它不但是内蒙古的，也是中国的，更是世界的。人类历史发展经过多元的文明形态，包括原始社会、游牧社会、农业社会、工业社会，任何一个文化都不应该彻底消失。当代应该为草原文明探索一条走进全球化、信息化时代的新型草原文明的建设道路，既保持住草原的特点，又能够发展现代化，这对人类文明将是一个重要的贡献。

黄剑辉　中国民生银行研究院院长、
**　　　　国家开发银行研究院前副院长**

今天给大家分享的研究，是基于我们"中国新主题50年论坛"的前期的研究，出版了一个成果叫《战略路径，迈向2049年的中国》。在这本书中，我们提出了供给侧改革的"新三驾马车"：一、改革开放，改革的宾语是制度，开放的宾语的是市场，把市场放开，把权力放给市场，让市场发挥决定性作用；二、创新创造，像国内的阿里、华为，美国的苹果，都是不断创造新的商业模式、创造新的产品来服务民众，这样才能促进文明的进步；三、生态与民生，经济发展的出发点和落脚点都应该是生态的改善、民生的改善。

邵宇 东方证券首席经济学家、
　　国家金融与发展实验室特聘高级研究员

在应对全球化的挑战方面，美国特朗普政府的方式是发动贸易战、挑起贸易争端，这并不是好的解决办法。发达国家在全球化过程中要发挥技术优势，熟练劳动力收益，非熟练劳动力受损，这时要通过国内的收入分配与再分配政策、政府投资补贴政策来进行调整。中国也面临全球化的挑战，对此不能只看到问题，而要多看贸易、投资、经济收益，当年中国加入WTO的结果是中国经济发展起来，从这一点来看，中国对全局性问题的战略决策的把握比美国政府高明很多。

孙杰 中国社会科学院世界经济与政治研究所研究员

通过中国的"一带一路"，我们跟周边的、地缘关系更加紧密的国家，以及非洲，南美洲，澳大利亚建立了更为密切的朋友圈的联系。中国不是在输出资本的影响力，中国有自己过去的30年至40年成功的经验，希望这些经验能够分享给我们周边的国家和地区，让它们能够进入中国发展的新一轮全球化，即人们所说的"全球化4.0"时代，能够达到共享、平等、互利。这样开放的心态是我们获取对外广阔空间的主要方向，当然更重要的是对内的调整。中国将通过大力对中国的土地和国企进行系统性的深化改革，去充分释放这样一些要素的活力，使得我们能够度过即将到来的关键的瓶颈时段，赢得未来。

第二届阿尔山论坛"校长论坛"上，校长们踊跃发言，谈笑风生

阿尔山论坛校长分论坛的嘉宾发言节选

韩锡政　韩国东亚大学校长

　　"一带一路"建设与韩国息息相关，作为中国的近邻，从政府到企业、学校，韩国对"一带一路"建设的关注正在逐步增加；学校中的中国留学生在增加，"中国"日益成为一个重要话题。

巴凯　蒙古国科学院院士、蒙古国农业大学原校长

　　中蒙在历史上有着切割不断的血脉联系，中蒙稳定的政治关系，为双方教育合作奠定了良好的基础；近年来，在"一带一路"影响下，蒙古大学与中国的大学的交流逐渐增多，蒙古大学面临着更加开放多元的环境，在这个环境下，如何培养能够与时俱进的人才，是目前面临的突出难题。

高聚林　内蒙古农业大学校长

　　"培养与时俱进的人才"，在中国的高等教育里面，这是普遍存在的问题——其主要原因，就是一个"变"字。我们面对的整个的社会环境、国际环境都发生了变化，我们中国进入新时代，要与时俱进跟上新时代，学校就要发生变化；除此之外，则是需求发生了变化，整个世界的经济变化带来了对人才、科技诸多方面的需求都发生了变化。

黄泰岩　中央民族大学校长、中国兴边富民战略研究院院长

　　中央民族大学比较特殊，它的学生遍及56个民族、"一带一路"周边国家，相对应的有蒙语系，藏语系等等，与各民族与国家语言相通、民族相通、宗教相通，甚至亲戚之间的关系非常密切。在这种情况下，让他们了解中国作为第二大经济体并在世界上引领发展的观念就很重要。要担当起这样的引领责任，所以尽量给学生们一些前沿性、国际化的视野，以及能力、思维方面的训练，使他们能够在复杂的情况下独立思考，能够就很多问题看到世界前沿的变化。大学的重要性就在于通过以它为中心，形成一种辐射、带动、引领的作用。

云国宏 内蒙古师范大学校长

在过去两年，内蒙古师范大学一直在"求变"——内蒙古师范大学是一个民族特色比较浓的学校，学校中有 40% 的学生和教师是蒙古族，有非常完整的蒙古语的授课体系。边疆是"一带一路"的主体，师大也在为政府、为区域经济发展做贡献，跟蒙古、俄罗斯、韩国、日本，还有一部分欧洲国家，包括澳大利亚都展开了合作。学校希望合作交流中的留学生经过学习，能够真正了解中国，也了解蒙古、俄罗斯。这样学校才能够真正达到做交流项目的初衷，不能只从学者角度去研究，而是通过做工作，最终达到民心相通，才能在"一带一路"上作出贡献。

邴正 吉林大学常务副校长、东亚社会学会会长（中国）

高校参与"一带一路"建设，应该承载四个重要的使命：第一，高校要成为人才培养基地——参与"一带一路"建设，就要有适应"一带一路"建设的人才；第二，要在科学技术和文化知识上，走在"一带一路"建设的前面；第三，作为高校，还要成为繁荣文化的先锋。文化是用于传播和交流的，语言就是交流工具。讲好中国故事，是高校承载着重要的使命；最后，高校的使命是推动国际交流的重要平台。

第二届阿尔山论坛参会嘉宾，美国导演凯斯·美林

佟家栋　南开大学原副校长

　　经济的全球化必然带来文化的全球化。因为一个国家要更好地推动自己经济的发展，就要有一系列的国与国之间、企业之间的合作。这种合作首先要求语言，语言之后是文化，文化之后是传统，传统之后是习惯，习惯之后是一种生活方式，乃至于生产方式，甚至是社会制度、社会习惯等等，一系列的活动都会伴随着经济的全球化而不断的发展。大学承担着文化的传承、文化的相互了解、文化研究的使命。文化研究如何去弥合差异，不断地把自己介绍给别人，不断地了解别人、理解别人，不断地去寻找共同点和差异点，从而能够有一种和而不同的这样一个世界的生存方式。所以，从这个意义上讲，经济的全球化过程，包括中国所推动的"一带一路"的建设过程，其中包含着很多的经济发展过程，同时也包含了文化全球化的过程。

阿尔山论坛闭幕式的嘉宾发言节选

艾丽华　内蒙古自治区副主席

本届论坛上，来自全球各界精英提出一系列富有创意的理念、观点和愿景，给世界、中国和内蒙古的发展带来新的启迪、信息和希望；深度解析"一带一路"建设的新机遇，提出一系列务实举措，为推动经济高质量发展注入了新动能。

高长胜　内蒙古自治区兴安盟盟委委员、副盟长、
**　　　　阿尔山市委书记**

本次论坛以"全球文明对话与人类命运共同体"为主题，立足草原、放眼世界，来自中国、美国、英国、韩国、蒙古国及斯里兰卡等国家的各界精英展开广泛深入交流，互学互鉴，达成多项共识，取得圆满成功。

约翰·曼　英国历史学家、游历作家、畅销书作家

我们要看到历史，才能看到未来，然后将梦想分享给世界。围绕草原文化，我计划写五本书，目前，第一本已经问世，我的目标是让它们走向欧洲。

缇莉妮　斯里兰卡驻华使馆二等秘书

　　斯中两国都同样有着绿水青山，保护环境是我们共同的责任。而在丝绸之路上，两国又都扮演着重要角色，希望通过阿尔山论坛进一步加强双方文化、贸易、教育之间的交流与合作，增近两国人民彼此的了解。

葛健　内蒙古草原文化保护发展基金会理事长

　　新丝绸之路将整个北方草原走廊作为丝绸之路的重要连接地段。我们忽然发现，我们从边缘地带一跃成为了面向中、亚、西亚和东北亚地区对外开放的前沿地带，而沿线大多数国家均存在着广大的牧区，如何实现牧区现代化，已成为我们彼此之间的对话和交流的重要内容。更进一步布局现代化工作，将助推内蒙古自治区在现代化当中探寻草原民族的文化创新和文化自信，提升民族竞争力，为共建生态文明社会构筑人类命运共同体做出应有的贡献。在过去的一年中，乃至在过去的20年当中，内蒙古草原文化保护与发展基金会，为培养各项工作相关的高素质人才，做了大量的工作。泰山不让土壤，故能成其大，河海不择细流，故能成其深。我们要从基层的具体工作入手，从每一个细节入手，从每一个人入手，发出属于我们的、属于草原文化的健康的声音，为全方位、多层次、积极健康的草原文化传承、发展和走出去，作出应有的贡献。

在"一带一路"大背景下，整个北方的草原走廊成为新丝绸之路的重要地段

阿尔山冬季风景。"校长论坛"在阿尔山的成功举办，使这座小城
在高等教育的对外交流、合作等方面，具有了自己的话语场。

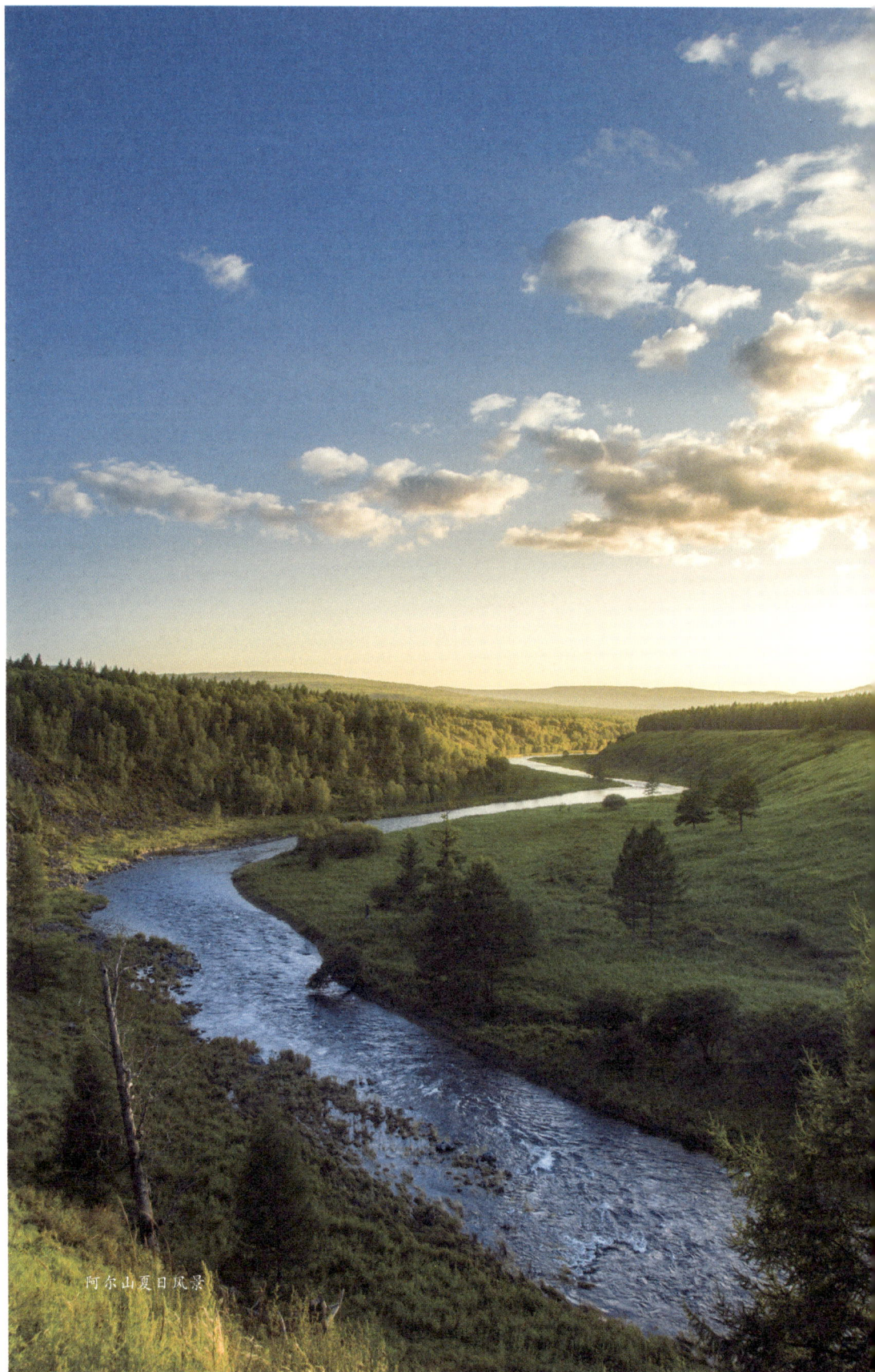

阿尔山夏日风景

后记

道行之而成，物谓之而然

葛健

　　去年首届阿尔山论坛时我代表基金会作了题为《道行之而成，物谓之而然》的主旨发言，今年想继续沿用这个题目，与大家分享这一年中内蒙古草原文化保护发展基金会关于论坛主题——"构筑人类命运共同体"的实践探索与思考。

　　人类命运共同体是一个全球化概念，而最早在我们这一辈人脑海中树立全球化概念的是马克思和恩格斯的思想。恩格斯在马克思墓前的讲话中曾阐释马克思思想的伟大之处，首先在于他发现了人类历史的发展规律：人们首先必须吃、喝、住、穿，然后才能从事政治、科学、艺术、宗教等等；所以，本着"积小成而成大成"的思想，作为社会基层细胞的我们，基金会希望从大处着眼、小处着手，在"构筑人类命运共同体"这一宏大命题引领之下做一些基础工作方面的努力，进而去影响周围各个阶层的人，最后达到"近者悦服而远者怀之"的效果。

　　第一部分的努力是按照布主席在政府工作报告中的要求，做好"内蒙古"这三个字作为品牌的建设工作。"内蒙古味道""内蒙古影视"和"内蒙古能源"等品牌的具体建设工作风生水起。首先，"内蒙古味道"作为草原文化，或可称之为是中国北方民族生产生活方式不断交融、积淀的直接产物和文化精髓，为人们所每日必须和喜闻乐见，是发挥自治区在"一带一路"地缘优势和文化共通性的排头兵。我们从它的食材原料、制作工艺和整体服务流程等多个端点，都做了大量的梳理、传承、保护和发展的细致工作。其次，在"内蒙古影视"品牌建设层面，我们这一年仍在继续积极拍摄草原文化主题电视连续剧和系列电影，并且和在座的嘉宾凯斯·美林先生开展合作，他作为世界顶级的电影大师（奥斯卡金像奖导演、被美国电影科学院冠以终身成就奖的先驱），自从去年参加了首届阿尔山论坛之后便爱上了内蒙古和草原文化，成为了我们的朋友和合作伙伴，百忙中今年已经第四次来到内蒙古与我们共同工作，每次都逗留大约两周的时间，包括今天再次参加阿尔山论坛，也是为了后续更加深度的合作而进行努力。我们希望把在此碰撞出的思想火花和文化精髓落实到合作的影视作品中去，进而将这些转化了的、民族的真实且富有正能量的内容，也是人类所普遍认知的共通之美，传递给更多的受众，同时也向更广阔的海外世界进行展示、宣传和推介。再次，在"内蒙古能源"品牌建设层面，三周前基金会在鄂尔多斯主办召开了第二届内蒙古国际能源大会，具体展示和推进了为建立更为清洁、高效的能源产业，我们在制度建设和产业规划层面也做了具体建议和呼吁工作。

　　第二部分的努力是将"以人民为中心的发展观"的思想落实到基层，助推牧区现代化。几天前在呼伦贝尔国际绿色发展大会开幕式上，布主席就"绿色发展是以人民为中心的发展观"进行了多角度阐释，大部分与会代表后续深入到我们的牧区现代化项目考察，从建设的第一现场感受基层工作正在如火如荼地展开。这不仅是我们对于自治区政府指导思

呼和浩特是联接黄河经济带、亚欧大陆桥、环渤海经济区域的重要桥梁，也是中国向蒙古国、俄罗斯开放的重要沿边开放中心城市。

想的呼应和具体落实，更是我们为构筑人类命运共同体而做的、为牧区老百姓过上美好生活而做的实际工作。同样，牧区现代化建设也有助于发挥内蒙古在"一带一路"上的地缘优势。新丝绸之路将整个北方草原走廊作为丝绸之路重要连接地段，我们从边缘地带一跃成为面向中亚、西亚和东北亚地区对外开放的前沿地带，而沿线大多数国家均存在广大的牧区，如何实现牧区现代化已成为我们彼此之间对话和交流的重要内容之一。更进一步，牧区现代化工作将助推内蒙古自治区在现代化进程中探寻草原民族的文化创新与文化自信，提升民族竞争力，为共建生态文明社会、构筑人类命运共同体做出应有贡献。

第三部分的努力是将草原文化插上教育和文化传播的翅膀，希望能够将上述工作做得更扎实，走得更长远。在过去的这一年中，乃至在过去的 20 多年中，内蒙古草原文化保护发展基金会为培养各项工作相关的高素质人才做了大量工作。昨天晚上年轻的指挥乌日勒就是我们基金会和中国文化基金会联合选送到美国学硕连读了六年的优秀蒙古族青年指挥家，我们希望在新中国成立 100 周年时她会成长为全世界的优秀指挥家。本次阿尔山论坛特别设立了"校长论坛"，也是我们期望通过"影响有影响力的人"，将人才队伍建设作为区域发展的重中之重来推进。不仅顶层工作需要各位"头部首脑"达成共识，基层工作更是需要不断地去呼吁、去培养、去吸纳和组织越来越多的有识之士共同加入并为之努力。文化传播亦是如此，"泰山不让土壤故能成其大，河海不择细流故能成其深"，我们要从基层的具体工作入手，从每一个细节入手，从每一个人入手，发出属于我们的、草原文化的健康声音，为全方位、多层次、积极健康的草原文化传承、发展和走出去做出应有的贡献。

"道行之而成，物谓之而然"。去年我们在此召开了第一届阿尔山论坛，今年是第二届，未来还会有第三届、第四届……固然人们常说"万事开头难"，然而我认为坚持更难。"不积跬步，无以至千里；不积小流，无以成江海"，既然我们选择了宏观和微观共同向前推进、理论和实践同时着手发力这条道路，就要一直坚定不移地走下去；而"善学者尽其理，善行者究其难"，我们也希望不断地通过阿尔山论坛进行全球文明对话与人类命运共同体主题探索，保留好的思想精华具体实践经验，摒弃没有与时俱进的观念，进而促进文明的提升，为构筑人类命运共同体做出一个地区、一代人应有的贡献。

"踏遍青山人未老，风景这边独好。"谢谢大家！期待明年的再次相聚！

图书在版编目（ＣＩＰ）数据

用系统科学思维助推人类命运共同体进程 / 内蒙古

草原文化保护发展基金会编著 . ——北京：经济日报出版

社 , 2020.8

ISBN 978-7-5196-0703-6

Ⅰ . ①用… Ⅱ . ①内… Ⅲ . ①国际关系 – 研究 Ⅳ .

① D82

中国版本图书馆 CIP 数据核字 (2020) 第 148322 号

用系统科学思维助推人类命运共同体进程

编 著 者：	内蒙古草原文化保护发展基金会
责任编辑：	门　睿
责任校对：	梁沂滨
出版发行：	经济日报出版社
社　　址：	北京市西城区白纸坊东街 2 号 A 座综合楼 710(邮政编码 :100054)
电　　话：	010-63567684（总编室）
	010-63584556（财经编辑部）
	010-63567687（企业与企业家史编辑部）
	010-63567683（经济与管理学术编辑部）
	010-63538621 63567692（发行部）
网　　址：	www.edpbook.com.cn
E - m a i l：	edpbook@126.com
经　　销	全国新华书店
印　　刷：	北京美图印务有限公司
开　　本：	787×1092 毫米　1/16
印　　张：	10.75
字　　数：	140 千字
版　　次：	2020 年 8 月第一版
印　　次：	2020 年 8 月第一次印刷
书　　号：	ISBN 978-7-5196-0703-6
定　　价：	88.00 元